AF192294

Niels Kjær

Vennernes Samfund
Kvækerne i fortid, nutid og fremtid

Books on Demand

Niels Kjær: Vennernes Samfund. Kvækerne i fortid, nutid og fremtid.

© 2020 Kjær, Niels

Forlag: BoD – Books on Demand, København, Danmark
Tryk: BoD – Books on Demand, Norderstedt, Tyskland
ISBN: 9788743012290

Illustrationerne på titelbladet samt på side 12 og 16 er udført af
Ruth Thaysen Kjær.

INDHOLDSFORTEGNELSE

FORORD   5

I. KVÆKERNE FØR OG NU   7
Kvækerdommens tilblivelse   7
Kvækerdommens videre udvikling   11
Kvækerne i nutiden   16

II. KVÆKERNE I DANMARK OG DANSKE KVÆKERE I VERDEN   20
Kvækerdommen kommer til Danmark   20
Det 19. århundrede: Kvækerbesøg fra England, Norge og USA   21
Vennernes Samfund i Danmark etableres   22
Woodbrooke College og Danmark   23
Kvækerne i København   25
Besættelsestiden og første efterkrigstid   26
Hanna-Skolen   28
100-års jubilæum   29
Kvækerne i Jylland   30
De danske kvækere i det 21. århundrede   30
    Ekskurs: Kvækerne i Norge, Sverige og Finland   31
Konklusion   32

III. GRUNDTVIG OG KVÆKERNE – MED ET SIDEBLIK TIL NORGE   33
Grundtvigs betydning   33
Den unge Grundtvig   33
Opgør med lutherdommen   35
Grundtvigs møde med kvækerne   36
Grundtvig og Norge   37
Grundtvigs endelige syn på kvækerne   39
Konklusion   40

IV. HISTORISKE KVÆKERE: TI POTRÆTTER   41
Indledning   41
John Greenleaf Whittier   41
Rufus Matthew Jones   44
Elisabeth Abegg   46

Elin Wägner 47
Eric Baker 49
Dorothy Stowe 50
Joram Mugunda Amadi 53
James Turrell 54
Jocelyn Bell Burnell 56
Emma Condori Mamani 59

V. FIKTIVE KVÆKERE I LITTERATURENS VERDEN 61
Indledning 61
"Onkel Toms hytte" af Harriet Beecher Stowe 61
"Den sidste flugt" af Tracy Chevalier 62
"Moby-Dick" af Herman Melville 64
"Drømmen om Amerika" m.fl. af Toril Brekke 65
"Notes from an Exhibition" af Patrick Gale 67
"Tjenerindens fortælling" af Margaret Atwood 68
"The Dazzle of Day" af Molly Gloss 69
Afslutning 71

LITTERATUR 72

ADRESSER 80

FORORD

Denne bog er tænkt som en introduktion til, *hvem* kvækerne er, og *hvad* deres fællesskab – Vennernes Samfund – står for. Det er min erfaring, at mange danskere forbinder 'kvæker' med et bestemt morgenmadsprodukt (*Quaker*) og fejlagtigt tror, at en rigtig kvæker stadig går rundt med en stor, sort bredskygget hat på hovedet. Det er heller ikke ualmindeligt, at man forveksler kvækerne med Amish-samfundet, der som bekendt forsøger at leve helt uden moderne hjælpemidler.

De fleste bliver faktisk forbavsede, når de hører, at der også lever kvækere i Danmark, og at de ikke i det ydre adskiller sig fra flertallet af danskere. Og nysgerrigheden vokser endda hos en del, når de erfarer, at kvækerne er et helt igennem moderne trossamfund, der giver endog meget relevante svar på nutidens udfordringer.

Det er derfor mit håb med denne bog dels at afkræfte nogle af myterne om kvækerne, dels at vække interesse for kvækernes tro og virke.

Bogen er inddelt i fem afsnit. Første del indeholder en generel fremstilling af kvækernes liv og tro gennem de cirka 370 år, samfundet har eksisteret. Anden og tredje del fokuserer dels på kvækerne i Danmark, dels på kvækerdommens betydning for Grundtvig og den tidlige grundtvigianisme. Begge afsnit rummer små afstikkere til forholdene i Norge, som Danmark historisk har været tæt forbundet med. Bogens fjerde del indeholder en række korte biografier over en halv snes betydningsfulde kvækere fra de seneste 200 år. Ikke for at dyrke de store personligheder, men for at vise, hvordan kvækertroen på højst forskellig måde har inspireret mennesker i hver deres tid og på hvert deres sted til at gøre en forskel. Endelig møder vi i bogens femte del en række fiktive kvækere (hentet fra litteraturens verden), der supplerer de historiske kvækerportrætter, og som bidrager til en forståelse af, hvilke etiske dilemmaer, der kan være forbundet med livet som kvæker. Bogen afsluttes med en fyldig litteraturliste til hvert af de fem afsnit.

Enkelte dele af bogen har i en lidt anden form været publiceret før som artikler eller pjecer, men sammenhængen her er helt ny, ligesom hovedindholdet af bogen er nyskrevet.

Aarhus, nytåret 2020 *Niels Kjær*

I. KVÆKERNE FØR OG NU

Kvækerdommens tilblivelse

Kvækerne er et trossamfund inden for kristenheden på linje med fx katolikkerne og lutheranerne. Når der i det følgende tales om kvækerdommen, drejer det sig altså om en kristen trosretning ligesom lutherdommen.

I 2017 fejredes 500 års jubilæet for den lutherske reformation, der begyndte i 1517. Men det er værd at huske på, at der allerede længe før 1517 var forskellige forsøg på at reformere kirken, ligesom reformbestræbelserne fortsatte også efter Luthers tid blandt kristne, der ikke fandt, at Luthers reformation havde været vidtgående nok.

Mange mente, at Luther ganske vist havde afsløret den katolske kirkes magtmisbrug, men at hans reformbestræbelser var endt med en række nye statskirker, hvor kongemagten og biskopperne bestemte alt for meget. I stedet for trosfrihed herskede nu den Lutherske Ortodoksi eller – i England – den Anglikanske Ortodoksi. Luther havde talt om *"evangeliets klare dag"* og *"et kristenmenneskes frihed"*, men i stedet havde præsteskabet indført en bogstavelig læsning af Bibelen, så det kun var tilladt at læse og forstå denne bog på én ganske bestemt måde, som Kongen og Kirken bestemte. Alle, der læste den på en anden måde, risikerede strenge straffe.

Ikke mindst i England fortsatte kritikken af kirken længe efter, at den officielle reformation var afsluttet. Der var store grupper af kristne, der var kritiske overfor præstestanden, og som "søgte" noget andet. *Seekers* blev de kaldt. Det var, hvad vi i dag ville kalde en græsrodsbevægelse.

Samtidig var England i 1620'erne, -30'erne og -40'erne præget af stor politisk uro. Det engelske parlament forsøgte at begrænse kongens magt, og det endte i 1642 med åbent oprør og borgerkrig. Kongen (Charles den Første) blev fanget og henrettet i

1649, og en mand ved navn Oliver Cromwell tog magten. Allerede i 1660 blev kongemagten dog genindført i England, men ikke som i mange andre lande (herunder Danmark) i enevældig form.

Det var midt under denne religiøse og politiske uro i England, at kvækerdommen opstod. Stifteren hed George Fox. Han blev født i 1624 i en lille landsby i nærheden af Leicester. Hans far var væver, og George fik heller ikke nogen boglig uddannelse. Han startede som hyrdedreng, men kom senere i lære som skomager. Allerede som dreng var George dog en ivrig bibellæser, og det siges, at han som voksen kunne Bibelen næsten udenad. I 1643 (midt under den engelske borgerkrig) begyndte George Fox at rejse rundt i England på jagt efter en præst, der kunne tilfredsstille hans indre uro. Han var blevet en *seeker*, én af de "åndeligt søgende". Men lige meget hvilken præst han opsøgte, syntes han, at han fik stene for brød. Han følte, at han blev mødt med en sludder for en sladder – og at han kun hørte færdiglavede sandheder, der ikke svarede til den virkelighed, han selv oplevede.

Da pludselig en dag hørte Fox "en indre stemme", der sagde: *"Der er kun én, som kan tale til din tilstand, nemlig Jesus Kristus"*. Og så hoppede hans hjerte af glæde. I sin dagbog skriver George Fox: *"Jeg så et hav af mørke og død, men også et uendeligt ocean af lys og kærlighed, der overskyllede det mørke hav"*.

Fra da af – det var i 1647 – begyndte Fox offentligt at prædike en kristendom, der er præget af lys og kærlighed, og han samlede snart store skarer af de "søgende" omkring sig.

Fem år senere, fra ca. 1652, kan man tale om en egentlig kvækerbevægelse. Den nye bevægelse skulle være en ny reformation, mere gennemgribende end lutherdommen, calvinismen og anglikanismen. George Fox havde som sit mål at genetablere urkristendommen, som den var i apostlenes dage.

George Fox' hovedbudskab var, at der ikke er brug for et særligt præsteskab eller autoriserede ritualer. I stedet for doktrinen om arvesynd lærte Fox, at alle mennesker har "noget af Gud" i deres indre; "det indre lys" eller "den indre Kristus" kaldes det undertiden også. *"Ved lysets og Guds ånds hjælp skal I, når I vender jeres tanker mod Gud, erfare et mål af åbenbaring og inspiration. Efterhånden som I ved hjælp af 'det af Gud' i jer bliver vendt bort fra det onde og bliver det kvit, vil der blive plads til, at mere af Gud kan blive åbenbaret og indblæst i jer"*, skrev Fox i 1664.

George Fox 1624-1691

Enhver, som åbner sig for "det indre lys" – der vel at mærke ikke er det samme som den menneskelige samvittighed – kan derfor blive forkynder. Det gælder både mænd, kvinder og børn. Alle kan tage ordet ved et kvækermøde, og alle har samme indflydelse, når der skal træffes beslutninger. Der er heller ikke brug for særlige kirkebygninger, for Gud bor ikke i huse bygget af sten, men i menneskers hjerter.

Fox forkyndte, at hele livet er sakramentalt, og at der derfor ikke er behov for særlige kirkelige sakramenter. Alle mennesker er Guds børn, hvad enten vi er døbt eller ej, og ethvert måltid, vi deler med hinanden, er en nadver.

Kvækernes gudstjeneste er en stille andagt, hvor mennesker sammen søger det indre lys. George Fox giver følgende råd til den andagtsøgende: *"Vær rolig og stille, slip taget i de fine, kloge og skarpsindige tanker, som kan komme frem, og stå åben og ærlig over for Gud, uden tanke på dit eget."*

Selv om Fox som sagt kunne sin Bibel udenad, var han ikke Bibelfundamentalist. Han mente, at Bibelen er skrevet af mennesker, og at hver ny tid må finde sine svar – under vejledning af "det indre lys". Og når sandheden og lyset er fundet, skal lyset være virksomt i verden, fx gennem fredsarbejde eller en social indsats.

George Fox og kvækerne hører med andre ord hjemme inden for den kristne mystik, men i modsætning til de fleste mystikere dyrker de ikke det enkelte menneske og dets indre liv. Kvækernes mystik har tværtimod altid været forbundet med et fællesskab og med aktiv handlen i verden.

Karakteristisk for kvækerne er det netop, at de midt under Borgerkrigen i England arbejdede for fred og nægtede at deltage militært i konflikten.

De gik lige fra begyndelsen – som det første kristne trossamfund i verden – ind for fuld ligestilling mellem mænd og kvinder, og de sagde "du" til hinanden og til alle andre. Desuden nægtede de at aflægge ed og at tage hatten af for øvrigheden.

I begyndelsen kaldte de første kvækere sig *'lysets børn'* – fordi "den indre Kristus" jo altså ofte blev beskrevet som et "indre lys". Senere blev det officielle navn *Vennernes Religiøse Samfund.*

Navnet 'kvæker' ("én der skælver") er egentlig et skældsord brugt af modstanderne, men det blev alligevel hurtigt den almindeligt accepterede betegnelse i daglig brug – også af kvækerne selv.

Kvækerne mødte naturligvis voldsom modstand fra den etablerede kirke, og eftersom der ikke var religionsfrihed i England, hverken under Cromwell eller senere under konge- magten, blev både Fox og hans tilhængere fængslet den ene gang efter den anden.

Alligevel fortsatte Fox med at rejse rundt i England og samle folk til møder. I 1671 rejste han sågar helt til Amerika for at besøge de engelske kolonier, og han blev derovre i to år.

Senere – i 1677 – foretog Fox en rejse til Holland og Tyskland, og han nåede endda helt op til Det Danske Rige, til Slesvig, hvor den første danske kvækermenighed blev grundlagt i den religiøse fristad, Friedrichstadt eller Frederiksstad.

George Fox døde i 1691, 66 år gammel. På dette tidspunkt var der omkring 50.000 kvækere i England og omtrent det samme antal i Amerika.

Det blev af stor betydning for kvækerbevægelsens fremtid, at en række begavede og indflydelsesrige englændere tidligt tilsluttede sig bevægelsen. Fx adelsmanden Willian Penn, der blev medlem allerede i 1667. Han var som forfatter en af de ivrigste talsmænd for religionsfrihed i England, og da den engelske konge Charles den Anden skyldte ham en stor sum penge, gav han i 1681 William Penn et stort landområde i Nordamerika. Her grundlagde Penn kolonien og den senere delstat, Pennsylvania, der blev et fristed ikke bare for kvækerne, men også for mange andre forfulgte religiøse mindretal.

Kvækerdommens videre udvikling

George Fox og de første kvækere drømte som nævnt om at genopdage urkristendommen, som den havde været i apostlenes dage. Men allerede i aposteltiden var der uenigheder mellem forskellige grupper af kristne, og kvækerne undgik da heller ikke konflikter ... Kvækerne er mennesker lige som alle andre, og desværre opstod der efter Fox' død uoverensstemmelser. Nogle lagde mest vægt på det indadvendte og andre på det udadvendte. Nogle mente, at det gjaldt om at være trofast over for de første kvækeres traditioner, mens andre modsat mente, at det netop gjaldt om at tilpasse sig de nye tider. Det betød uenigheder om noget så banalt som tøj og vaner. Nogle kvækere betragtede næsten de første kvækeres mørke tøj og brede hatte som en slags obligatorisk uniform, mens andre blot lagde vægt på at leve så enkelt som muligt, *det* der i dag er blevet moderne under betegnelsen *simple living*, men som kvækerne altid har kaldt *plain living*.

Fortidens kvækerhat

Det positive er imidlertid, at der aldrig har været nogen kirkelig myndighed, der har kunnet tvinge kvækerne til ensretning. Uenigheder bliver i første omgang forsøgt løst ved i stilhed at holde sagen frem i lyset. Men hvis konflikten fortsætter, og modsætningerne bliver for store, må man gå hver til sit.

Der findes derfor også i dag mange ret forskellige kvæker-menigheder spredt rundt i hele verden. Men det er – trods alle forskelle – lykkedes at forblive sammen i én stor familie, som i gensidig respekt kan samarbejde og mødes på verdensplan. Det sker gennem FWCC (*Friends World Committee for Consultation*), der skaber fællesskab på tværs af alle geografiske og teologiske skel, og som hvert femte år afholder en international kvæker-konference. FWCC har endvidere fire undersektioner ('Nord- og Sydamerika', 'Europa og Mellemøsten', 'Østasien og Oceanien' samt 'Afrika'), der skaber regionalt samarbejde i de enkelte verdensdele.

FWCC's logo

I det følgende skal nævnes nogle historiske eksempler på, hvordan kvækerne har gjort en forskel.

Vi kan begynde i England, hvor der i første halvdel af det 19. århundrede levede et søskendepar, Elizabeth Fry og hendes bror, Joseph Gurney. De var begge kvækere, og de havde hver deres mærkesag. Det er nemlig en anden ting, der er karakteristisk for kvækerne. De tror ikke, at et enkelt menneske eller en lille gruppe mennesker kan påtage sig at forbedre hele verden. Det fører enten til overanstrengelse eller overfladiskhed. Nej, det er bedre, at vi som enkeltmennesker eller som gruppe finder ud af, hvad der skal være *vores* specielle mærkesag eller *concern* ("anliggende"). Og at vi så koncentrerer os om denne opgave, mens vi lader andre tage sig af *deres* særlige opgaver.

Elizabeth Fry havde det som sin hjertesag at forbedre forholdene for fængselsfanger, som på den tid havde det ganske

13

forfærdeligt. Hendes bror, Joseph Gurney, havde det tilsvarende som sin mærkesag at virke for slaveriets afskaffelse. De to søskende rejste rundt i hele Europa, hvor de søgte audiens hos konger og ministre og forsøgte at tale hver deres sager. Blandt andet besøgte de i 1841 Danmark som gæster hos kong Christian 8. og dronning Caroline Amalie. De arbejdede med et vist held for at få nedsat komiteer i de enkelte lande, der kunne virke for bedre forhold i fængslerne, eller for at de europæiske kolonimagter afskaffede slaveriet. Se videre på side 21 og 36-37.

Det var i USA, at den helt store kamp for slaveriets afskaffelse kom til at stå. Også her var kvækerne lige fra begyndelsen meget aktive. I Harriet Beecher Stowes verdensberømte roman "Onkel Toms hytte" fortælles der blandt andet om, at kvækerne med stor fare for sig selv skjulte flygtede negerslaver, selv om det var strengt forbudt. Se side 61-62.

En af de mest berømte amerikanske kvækere fra denne tid er forfatteren og digteren John Greenleaf Whittier (1807-1892), som i tale og skrift agiterede mod slaveriet. Da Borgerkrigen 1861-1865 mellem Nord- og Sydstaterne brød ud, kunne kvækerne ikke deltage, fordi de var anti-militarister, men de gjorde, som de altid har gjort under krige: De søgte at lindre lidelserne, og de forsøgte at fjerne årsagen til krigen, i dette tilfælde slaveriet. Se side 41-44.

Det sidste historiske eksempel på kvækernes aktive indsats, som skal omtales her, drejer sig netop om kvækernes fredsarbejde, og det rækker fra historien og ind i nutiden.

Kvækerne har altid taget Jesu ord om ikke at gribe til sværdet alvorligt. I de første to kristne århundreder (på urkristendommens tid) var det utænkeligt, at en kristen kunne være soldat. Og hvis en soldat blev kristen, måtte han forlade militæret.

Det er denne urkristne holdning, kvækerne gennem snart 400 år har forsøgt at fastholde. Allerede i 1661 afgav de følgende fælles-erklæring: "Vi afviser aldeles al blodsudgydelse og al ydre krig, *strid og kamp med ydre våben, uanset med hvilket formål og under hvilket påskud det måtte være, og vi véd med sikkerhed, og vidner derom for verden, at Kristi ånd, som fører os til al sandhed, aldrig vil lede os til kamp og krig imod noget menneske med ydre våben, hverken for Kristi rige eller for denne verdens riger.*"

Men kvækerne har aldrig brugt deres ikkevoldsholdning som en magelig sovepude. Hverken under den amerikanske borgerkrig i 1860'erne eller senere under de to verdenskrige i det tyvende århundrede. Og heller ikke under nutidens krige og konflikter. Kvækerne arbejder dér, hvor de kan, på at forebygge krige, der jo ofte skyldes uretfærdige forhold. Forebyggelsen kan finde sted dels i form af dialog og forsoning, dels i form af magtkritik (ved "at tale sandhed til magten"). Hvis krigen alligevel opstår, arbejder kvækerne på at lindre lidelserne og at løse konflikterne.

Kvækernes hjælpearbejde under og efter 2. Verdenskrig
blev i 1947 belønnet med Nobels Fredspris.

Det siger måske noget om kvækernes indsats i fredsarbejde, at flere individuelle kvækere (Emily Greene Balch, 1946 og Philip Noel-Baker, 1959) har modtaget Nobels Fredspris, og at de britiske og amerikanske kvækere som samlet gruppe (*Friends Service Council* og *American Friends Service Committee*) i 1947 modtog samme fredspris for deres hjælpearbejde under Anden Verdenskrig.

I dag arbejder kvækerne fx aktivt på at skabe fred i Mellemøsten mellem Israel og Palæstina. Og i mange lande stræber kvækerne efter at skabe samvær og forståelse mellem landenes 'gamle' statsborgere og de 'nye' grupper af indvandrere og flygtninge.

Kvækerstjerne

Kvækerne i nutiden

Hermed er vi nået frem til kvækerne i nutiden.

Der er i alt cirka 375.000 kvækere på verdensplan. Heraf bor de fleste i Østafrika (Kenya), i USA og i Bolivia. Det er jo ikke overvældende mange. I hele Europa er der cirka 25.000 medlemmer, flest i England. I de nordiske lande er der omtrent 300 kvækere, flest i Norge, hvor kvækersamfundet har fejret 200 års jubilæum. (Se ekskursen om kvækerne i Norge, Sverige og Finland på side 31).

Man kan måske undre sig over, at der ikke er flere, eftersom næsten alle, der hører om kvækerne, umiddelbart synes, at de virker meget sympatiske. Den verdensberømte tyske teolog Dorothee Sölle skriver i sin bog "Mystik und Widerstand" (1987), at kvækerne er et moderne religionssamfund, der giver gode svar på nutidens udfordringer. Hun begrunder det med, at kvækerne for det første retter deres mystik mod livet her på jorden, for det andet er organiseret demokratisk og ikke hierarkisk, og for det tredje udøver deres tro i en hverdagspraksis, som er fri for alle former for vold. Når der alligevel ikke er flere kvækere, end der er, skyldes det formodentlig, at kvækerne er tilbageholdende med at missionere med henblik på at omvende andre. Man skal så at sige selv opsøge dem, og man er endda velkommen til at komme i årevis til deres møder som en "ven af Vennerne", altså uden at blive officielt medlem.

Man kan vel sige, at kvækerne aldrig har haft ambitioner om at blive rigtig mange. Det er ingen salighedssag at være kvæker. Du er accepteret og elsket af Gud – ja, du vil blive *frelst* – hvad enten du er jøde, muslim, buddhist, katolik, lutheraner – eller kvæker.

Kvækerne har ingen fælles trosbekendelse og ingen dogmer. For langt de fleste kvækere udgør kristendommen og Jesu ord i evangelierne fundamentet for deres tro, men der findes også kvækere, der foretrækker at definere sig selv som universalister eller endda non-teister. Det, der forener *alle* kvækere, er derfor i dag snarest en bestemt livsholdning, en enkel livsstil ("plain living") og fredssagen. Overbevisningen om, at alle har "det indre lys" i sig, danner det fælles grundlag for værdighed og lighed på trods af alle forskelle.

I Europa foregår et kvækermøde stadig som en stille andagt på en times tid. Man sidder typisk i en rundkreds med et tændt lys, en blomst og en bibel liggende på et lille bord i midten. I stilheden forsøger mødet sammen at fokusere på "det af Gud i alle", "det indre lys", "den indre Kristus". Hvis nogen føler sig kaldet til at dele et ord eller en tanke med de andre, er det helt i orden at rejse sig og bryde stilheden med et kort indlæg. Bagefter sænker stilheden sig igen. Ofte er der 3-4 korte indlæg i løbet af en time, men det sker også, at stilheden råder under hele mødet. Det er lidt forskelligt, og det ene er ikke bedre end det andet.

Nogle kvækermenigheder uden for Europa har i vore dage lønnede præster og en mere fast liturgi. Man skelner derfor nu mellem 'programmerede' og 'uprogrammerede' kvækere. Her i Europa er alle kvækerandagter som nævnt uprogrammerede.

Alle vigtige beslutninger træffes i fællesskab ved månedlige møder, hvor alle har taleret, eller (for et større område) ved årsmøder. Der stemmes ikke. Hvis man ikke kan blive enige, udsættes beslutningen til næste gang. Det lyder måske ineffektivt, men det har fungeret i snart 400 år og afværget mange konflikter.

Som en naturlig følgevirkning af den åndelige andagt er alle kvækere optaget af at gøre en forskel i verden. En eller flere kvækere engagerer sig – meget ofte i samarbejde med andre ikke-kvækere – om en hjertesag. Det kan være fredarbejde, flygtninge-arbejde eller miljøspørgsmål. Det kan også være at skabe lokale fællesskaber med samvær på tværs af sociale og etniske skel. Det kan kort sagt være så meget. Ingen kan frelse hele verden, men alle kan gøre en lille forskel lige netop dér, hvor de engagerer sig.

Det personlige engagement medfører undertiden, men selv-følgelig langt fra altid, at det kan blive nødvendigt at gøre modstand mod staten, militæret eller kapitalstærke interesser. Hvis modstanden indebærer lovbrud, må den være drevet af en dyb overbevisning om at følge Guds hensigt. Den må have sit udspring i stilheden og mødet med "det indre lys" og ikke i egeninteresser. Og så vidt muligt må den holdes frem og afprøves i andagtsmødets fællesskab, ligesom den af natur må være ikke-voldelig.

Som kvæker kan det føles svært, for ikke at sige umuligt, at skulle leve op til fortidens store forbilleder og høje idealer. Kvækere adskiller sig nemlig ikke i sig selv på nogen måde fra andre mennesker, og det er som bekendt ikke let at være "god". Det er heldigvis heller ikke det, sagen drejer sig om. Det handler tværtimod om så vidt muligt "at give slip på sig selv" og at åbne sig for lyset. Hvis man først bliver opmærksom på kærlighedens og sandhedens tilskyndelser, så vil der før eller siden begynde at ske noget. Ikke nødvendigvis en hel masse store og bemærkelsesværdige forandringer, men nok så meget små ændringer i hverdagen, der med tiden alligevel kommer til at gøre en forskel.

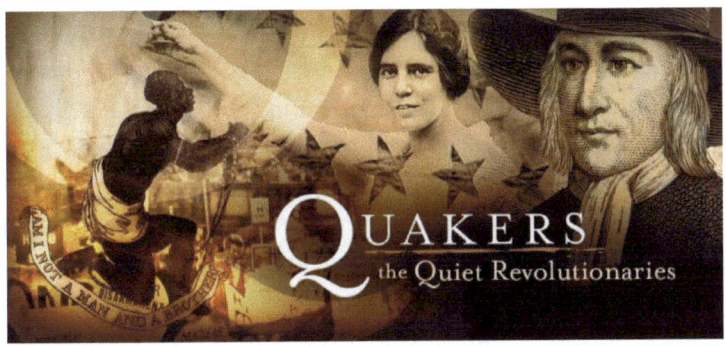

TV-dokumentar fra 2018 instrueret af Janet P. Gardner

II. KVÆKERNE I DANMARK OG DANSKE KVÆKERE I VERDEN

Kvækerdommen kommer til Danmark

Allerede i 1650'erne, kort efter at kvækerne havde etableret sig i England, kom bevægelsen også til Danmark. I vinteren 1657-58 – midt under Svenskekrigene – ankom den kun 20-årige engelske kvæker John Hall med skib til København, hvor han uddelte kvækerskrifter og opsøgte kong Frederik 3. Det endte dog med, at John Hall blev fængslet og senere udvist af landet.

I 1663 blev den første kvækermenighed inden for Det Danske Rige oprettet i Frederiksstad (Friedrichstadt) i Sydslesvig. Byen er grundlagt i 1621 af religiøse flygtninge fra Nederlandene og ligner med sin retvinklede gadestruktur og sine kanaler stadig den dag i dag en hollandsk by. Frederiksstad fungerede som religiøs fristad og toleranceby, og den rummede både mennonitter, remonstranter, unitarer, jøder, katolikker, lutheranere – og altså (i hvert fald indtil 1725) kvækere. I 1677 besøgte George Fox menigheden i Frederiksstad, og et egentligt månedsmøde blev oprettet. Under Den Store Nordiske Krig (1700-1721) opholdt den russiske zar Peter den Store sig i 1712-13 i byen med sine generaler og 4.000 soldater. Zar Peter havde, mens han som ung boede i London, deltaget i kvækernes andagtsmøder, og i december 1712 deltog han sammen med syv generaler og flere prinser i kvækernes andagtsmøde i Frederiksstad. Efter krigen udvandrede mange af medlemmerne imidlertid til Holland, og menigheden blev nedlagt.

Allerede i 1666 forelå det første kvækerskrift på dansk, en pamflet med titlen *"Saa liuder Herrens Budskap..."* af John Higgins, oversat af Jasper Könecke og udgivet i Amsterdam. I årene derefter klagede Sjællands biskop Hans Bagger over, at *"kvækere og andre lignende fanatikere holder forsamling i Kongens Have"*.

Nordmanden Christopher Meidel blev i 1677 student i Roskilde, og ti år senere – i 1687 – blev han ordineret til dansk-norsk præst i London. Danmark og Norge udgjorde indtil 1814 et rigsfælles-skab med fælles skriftsprog. I 1699 sluttede Meidel sig til kvæker-samfundet, og han oversatte derefter flere kvækerskrifter til dansk/norsk, blandt andet Robert Barclays katekismus. I begyn-delsen af det 18. århundrede missionerede Christopher Meidel i både Norge og Sydslesvig.

Selv på en så fjern destination som St. Croix i Dansk Vestindien opstod der i 1770'erne og -80'erne et kvækermøde, og der blev i 1779 med økonomisk støtte fra England opført et mødelokale med tilhørende kirkegård på øen.

Det 19. århundrede: Kvækerbesøg fra England, Norge og U.S.A.
Under Napoleonskrigene i begyndelsen af det 19. århundrede befandt mange hundrede danske og norske krigsfanger sig i England, og engelske kvækere begyndte at besøge dem og uddele kvækerskrifter oversat til dansk. Da krigsfangerne i 1814 vendte hjem til Danmark og Norge, tog nogle af dem den nye tro med sig. I Norge førte det direkte til etableringen af det norske kvæker-samfund, hvor 12 nordmænd i Stavanger og Oslo i 1818 registre-rede sig som de første medlemmer. I Danmark boede de få kvækere for spredt til, at det satte sig varige spor i et land, hvor der først 35 år senere blev indført religionsfrihed.

Indirekte var der dog skabt kontakter, som med tiden fik varige følger. De engelske kvækere havde fået fornyet interesse for Danmark. I 1821 og 1824 kom kvækermissionæren Thomas Shillitoe på besøg i København, hvor han blandt andet var i audiens hos kong Frederik 6. Og senere var det Elizabeth Fry og hendes bror, Joseph Gurney, der i 1841 besøgte Danmark og kong Christian 8. og hans dronning, Caroline Amalie. Flere besøg fulgte i 1840'erne, hvor kampen for en ophævelse af slaveriet i Dansk Vestindien havde høj prioritet. Slaveriet blev endelig afskaffet i 1848, og året efter – i 1849 – fulgte vedtagelsen af Juni-grundloven, der gav religionsfrihed i Danmark.

Det førte i de kommende år til en lang række kvækerbesøg i Danmark af både engelske, amerikanske og norske kvækere. De var nu ikke længere henvist til kun at opsøge kongehuset og ministrene, men kunne frit holde folkelige møder, hvilket de flittigt gjorde, især i Jylland. Ved folketællingen i 1855 var der kun én dansker, der registrerede sig som kvæker, nemlig Jens Larsen fra Elling Sogn i Hjørring Amt. Han var født i 1779 og kan muligvis have været en veteran fra krigsfangenskabet i England 1807-14. Fem år efter i 1860 var der to kvækere, begge bosat i Vendsyssel.

I 1868 rejste de to englændere Joseph Crosfield og Robert Alsop sammen med nordmanden Asbjørn Olsen Kloster rundt i Jylland og holdt oplysende møder om kvækersamfundet i blandt andet Frederikshavn, Hjørring, Aalborg, Viborg, Randers, Horsens og Haderslev. Lignende Jyllandsturneer fandt sted i 1869, 1871, 1873-1877 og 1879. Det førte til varige kvækergrupper i Hjørring, Aalborg, Randers, Horsens og Vejle. Lidt senere – i 1880 – blev der også dannet en gruppe i København. Ved slutningen af det 19. århundrede var der således ca. 70 registrerede kvækere i Danmark, hvoraf de fleste boede i Jylland. Tallet ville formodentlig have været højere, hvis ikke en del af de danske kvækere i årene efter 1865 var udvandret til U.S.A. og Sydamerika. Enkelte store familier fyldte godt i medlemskartoteket, fx familien Guldbrandsen i Jylland og familien Marcussen i København.

Vennernes Samfund i Danmark etableres

Et møde, der fandt sted den 22. september 1875, betragtes som det stiftende møde i Vennernes Samfund i Danmark. Det var to britiske kvækere, englænderen Isaac Sharp og skotten Robert Doeg, der indbød "søgende" fra området omkring Vejle og Fredericia til møde på et hotel i Vejle. Flere af mødedeltagerne ytrede efterfølgende ønske om at blive medlemmer, og derfor oprettede man nu et egentligt dansk kvækersamfund, som organisatorisk dog foreløbig hørte under årsmødet i London.

Blandt de første 13 medlemmer var der syv fra Vejle og seks fra Nordjylland (Hjørring og Aalborg). Året efter – i 1876 – optoges yderligere 6 medlemmer, fire fra Aarhus og to fra Horsens.

Det første danske årsmøde blev holdt i Randers den 11. oktober 1879. Der blev derefter organiseret kvartalsmøder i henholdsvis Aalborg (for Nordjylland), Vejle (for Sydjylland) og København (for Sjælland).

Ét af de første punkter på dagsordenen for det nystiftede kvækersamfund var forholdet til det omgivende danske samfund. Spørgsmålet om edsaflæggelse og ikke mindst muligheden for et alternativ til den militære værnepligt var påtrængende. Kvækerne ansøgte desuden om, at deres børn kunne blive fritaget for den lutherske religionsundervisning og den halvmilitære gymnastik-undervisning i skolerne. I 1884 oprettede man en lille kvæker-kostskole i Vejle. Senere – i 1888 – flyttede skolen til Aalborg og blev omdannet til en dagskole.

Woodbrooke College og Danmark

I 1903 åbnede de engelske kvækere *Woodbrooke College* (nu: *Woodbrooke Quaker Study Centre*) i Birmingham. Det er en uddannelsesinstitution, der på mange måder ligner de danske højskoler, og der kom da også snart en gensidig udveksling og inspiration i stand mellem kvækerne i Woodbrooke og danske højskolefolk. Helt frem til i dag har mange danskere, både kvækere og andre, været på korte eller lange ophold på Woodbrooke.

Allerede i Woodbrookes første årti begyndte der at komme elever fra Danmark, og i 1910 rejste ti repræsentanter for den danske højskolebevægelse på besøg til Birmingham, hvor de for første gang i deres liv deltog i en stor kvækerandagt. Begivenheden gjorde blandt andet et varigt indtryk på den kendte grundtvigianer Holger Begtrup (1859-1937), forstander for Frederiksborg Folkehøjskole, der samme år udvidede sin højskole med afdelingen "Vinduet i Vest".

Kvækerandagt

Som følge af den grundtvigske interesse for kvækerne fremkom der i de følgende år flere artikler om kvækernes tro, blandt andet i tidsskrifter som *Højskolebladet* og *Bavnen*.

I 1916 var Peter Manniche (1889-1981) elev på Woodbrooke College og fik her ideen til at oprette en international højskole i Danmark, der skulle arbejde for fred og mellemfolkelig forståelse. Manniche mødte interesse for og opbakning til sine planer, og i 1919 var *Den Internationale Højskole* en realitet. Siden 1921 har højskolen ligget i Helsingør. Den lever stadig i bedste velgående og er et varigt resultat af forbindelsen mellem Woodbrooke og den grundtvigske folkehøjskole.

En tredje grundtvigianer med en fortid på Woodbrooke var Uffe Grosen (1894-1971), der tog på et studieophold på Ruskin College og Woodbrooke College i 1920-1921, inden han i 1923 blev ejer og leder af Vallekilde Højskole. Uffe Grosen forenede livet igennem det grundtvigske livssyn med stærke sociale og politisk radikale ideer.

I denne sammenhæng er det også værd at nævne Grete Glahn (1892-1958), der studere på Woodbrooke College i 1931, før hun i 1942 blev skoleinspektør på Søndermarksskolen i Vejle og senere – i 1947 – Danmarks første kvindelige skoledirektør.

Den grundtvigske præst Even Marstrand skrev i 1947 en fin artikel om Woodbrooke i Askov Højskoles tidsskrift, *Dansk Udsyn*.

Kvækerne i København

I det 19. århundrede var langt de fleste danske kvækere som før nævnt bosat i Jylland. Et markant navn i det tidlige jyske kvæker-samfund var guldsmed og byrådsmedlem Guldbrand Guldbrandsen (1829-1916) fra Vejle, der i 1875 var ét af samfundets allerførste medlemmer, og som sammen med sin hustru og sine børn og børnebørn dannede rygraden i kvækergrupperne i Vejle og Aalborg.

Først i 1880 blev der etableret et kvartalsmøde i København, og længe lå medlemstallet lavt. I 1895 konverterede metodist-præsten og -missionæren Johan Marcussen (1851-1936) imidlertid til kvækerdommen, og han og hans hustru, Charlotte Margrethe Marcussen, og deres syv børn fik stor betydning for kvækerne i København. I 1896 åbnede Marcussen et sømands-hjem i hovedstaden, og i 1906 fik han af de københavnske Venner status som "kvækerprædikant" ("recorded Minister"). Han udgav også en tid et lille kvækertidsskrift *"Venlig Budbringer"*, ligesom han og hustruen åbnede deres private hjem for andagtsmøder. Johan Marcussen døde i 1936, og samme år etablerede kvækerne et månedsmøde i København og begyndte at afholde offentlige andagtsmøder i Grundtvigs Hus i Studiestræde i København. Datteren Martha Marcussen (født 1883) videreførte på forskellig måde faderens engagement. Hun oversatte Elfrida Viponts bog *"Hvem er Kvækerne?"* (1937) og skrev selv kapitlet om kvækerne i det store værk *"Danmarks frikirker"* (1954-1958).

Allerede i 1924 havde KFUK-sekretær Anna Vedde bidraget til at udbrede kendskabet til kvækerne med sin bog *"Kvækerne og deres Indsats i den nyeste Tid"*. En anden lidt senere, men meget vigtig udgivelse fra perioden er den amerikanske kvæker Rufus M. Jones' bog *"Kvækernes Tro og Virke"* (1941; 2. udgave 1953).

Jones var en liberal kvæker, som formåede at formulere kvækerdommen ind i en ny, moderne tidsalder. Thyra Solmer Folke (1893-1978), der stod for den danske oversættelse, var født i Felsted Sogn, 11 km sydøst for Aabenraa, men flyttede til hovedstaden, hvor hun blev skolebestyrerinde og medlem af Vennernes Samfund. I 1937 blev hun gift med Folke Folke, som var Københavns brandchef og radikalt byrådsmedlem på Frederiksberg. Dette var den første kvækervielse i det nyoprettede københavnske månedsmøde.

Besættelsestiden og første efterkrigstid

I januar 1940 blev *Skandinavisk Kvækercenter* i København oprettet med Elise Thomsen (1901-1995) som den første sekretær. Tre måneder senere begyndte den tyske besættelse af Danmark. Elise Thomsen havde boet i såvel Sydslesvig som Frankrig, og hun var uddannet som faglærer i tysk og fransk. Hun havde studeret på Købmandsskolen, Den Internationale Højskole og Woodbrooke – og undervist på Den Internationale Højskole, Den Sociale Højskole og Borups Højskole samt arbejdet i statsadministrationen. I 1937 blev hun medlem af Vennernes Samfund, og under Den Spanske Borgerkrig var hun 1937-38 udsendt til Barcelona for at oprette og lede et børnehjem for hjemløse børn. Efter at være vendt hjem til København tog hun fat på at organisere kvækernes arbejde for at hjælpe jødiske og politiske flygtninge fra Tyskland og Centraleuropa. Det nyoprettede Kvækercenter i Vendersgade 29 fik altså en særdeles erfaren og kompetent sekretær i Elise Thomsen.

Midt under besættelsen blev *Fredsvenners Hjælpearbejde* dannet i 1944. Det begyndte i november 1943 med et møde mellem Elise Thomsen, Finn T. B. Friis (1897-1978; sekretær ved *Folkeforbundet*) og Hagbard Jonassen (1903-1977; formand for *Aldrig Mere Krig*). Foruden kvækersamfundet og Aldrig Mere Krig kom *Kvindernes Internationale Liga for Fred og Frihed* også hurtigt

26

med i samarbejdet, der altså i januar 1944 blev formaliseret under navnet *Fredsvenners Hjælpearbejde*. Elise Thomsen blev leder af FH's kontor i kvækernes lokaler i Vendersgade. Formålet var at uddanne og udsende frivillige hjælpearbejdere til det krigshærgede Europa, når Anden Verdenskrig sluttede, gerne med forsoningsaspektet for øje - samt at indsamle midler til dette hjælpearbejde. Efter krigen blev der ydet en indsats i blandt andet Finland, Tyskland, Holland og Frankrig. Senere udvidedes arbejdet til udviklingsbistand til Afrika og Mellemamerika, og i 1949 tog man navneforandring til *Mellemfolkeligt Samvirke*.

Elise Thomsen (til højre) underviser i førstehjælp

Elise Thomsen fortsatte indtil 1981 som medlem af MS's repræsentantskab, ligesom hun fra 1948 til 1952 virkede som sekretær for den europæiske afdeling af Kvækernes Verdens-komité (FWCC). Ovenfor nævnte Finn T. B. Friis, der ligeledes var kvæker, blev efter krigen tilknyttet FN og deltog i ni af FN's generalforsamlinger, ligesom han fra 1957 til 1960 boede i Wien som *Quaker International Affairs Representative*. I denne sammenhæng skal også nævnes Regnar Halfdan-Nielsen (død 1960), som fra 1939 til 1948 var formand for FWCC's europæiske afdeling. Det lille danske kvækersamfund var altså under og efter krigen velsignet med en række fremragende personligheder, der alle spillede en rolle også i international sammenhæng.

Hanna-Skolen

Ovennævnte Regnar Halfdan-Nielsen var ægtefælle til Debora Halfdan-Nielsen (1894-1981). Hun gik under Anden Verdenskrig med planer om at starte en skole for unge piger, og i 1946 rejste hun til Woodbrooke College for at færdigudvikle sine ideer. En engelsk kvæker, Phyllis Harris, fulgte med hende tilbage til Danmark for at være med til at virkeliggøre projektet. Den toårige skole for unge piger på 14-16 år kom i gang i 1947 i ægteparret Halfdan-Nielsens private hjem i Gentofte, men i 1950 oprettede de den selvejende institution *Hanna-Skolen*, der fungerede som efterskole indtil 1973. Elevtallet toppede i 1960'erne med 50 elever.

Debora og Regnar Halfdan-Nielsen var – ligesom flere af skolens lærere – kvækere, og kvækernes tankegang udgjorde på mange måder skolens idégrundlag. Men eleverne var selvsagt langt fra alle kvækere, og der blev ikke drevet mission, ligesom der ikke herskede nogen form for tvang. Bagsværd Folkeblad skrev i 1974: *"Skolen bygger på kvækernes optimistiske livssyn, som er troen på det gode i mennesket. Det er ... begyndelsen til at kunne vokse i tillid til sig selv og i harmoni med andre."*

En festlig stund på Hanna-Skolen

Ved siden af efterskolen oprettedes i 1957 en børneskole under ledelse af Halfdan-Nielsens datter og svigersøn, Ellen Friis (1924-2019) og Kristian Friis (1924-2014), der også begge var aktive kvækere. Skolen voksede hurtigt, og der opstod pladsproblemer, som først blev løst, da efterskolen lukkede i 1973. Da børneskolen i 1982 fyldte 25 år, var der cirka 130 elever. Ellen og Kristian Friis gik på pension i 1987, og i 1993 tog skolen navneforandring til Bagsværd Friskole. Den har i dag cirka 200 elever og drives ikke længere ud fra kvækernes livssyn, selv om den nuværende skoleleder Mads Aarø-Hansen i 2017 udtalte: *"Der er små elementer af det, der stadig følger os."*

100-års jubilæum

I 1975 kunne Vennernes Samfund i Danmark fejre sit 100-års jubilæum. Det skete blandt andet med udgivelsen af bogen *"Glimt fra dansk kvækerhistorie"*, der dog kun dækker perioden op til 1941 og endda med hovedvægt på perioden før år 1900.

På dette tidspunkt var det generationen født i 1920'erne, der tegnede kvækersamfundet. Det var blandt andet de allerede nævnte Ellen og Kristian Friis, men også flere andre, der endnu er i live, og som har været aktive kvækere i mere end en menneske-alder. Fx Mogens Clausen, der i en lang årrække fungerede som samfundets sekretær og på sin rolige facon gjorde en uvurderlig indsats, og Ulla Moltved (født 1926), der allerede som helt ung deltog i *Fredsvenners Hjælpearbejde* i Finland og Tyskland, og som senere var aktiv i *Mellemfolkeligt Samvirke* og *Center for Konfliktløsning*. Gymnasielærer Hans Aaen (født 1929) tilhører samme generation og har med sine store sprogkundskaber repræsenteret de danske kvækere i en række internationale sammenhænge, ligesom han stadig fungerer som oversætter og skribent for kvækerne. Jens Steensberg (født 1936), forhen-værende embedslæge i Fredensborg Amt, tilhører en lidt yngre generation. Han blev medlem af Vennernes Samfund i 1988 og har siden i flere artikler (se fx FDB's blad *Samvirke* 1988, nr. 1) og bøger (blandt andet *"Uortodoks kristendom"*, 2015) gjort sit for at udbrede kendskabet til kvækerdommen i Danmark.

Kvækerne i Jylland

Selv om medlemskredsen i København og på Sjælland siden 1930'erne har udgjort rygraden i det danske kvækersamfund, findes der stadig også en lille gruppe i Jylland. I 1988 lykkedes det, efter et møde på det daværende Hotel Ansgar, hvor en halv snes kvækere fra København deltog, at reorganisere de jyske kvækere. Fra 1988 til midt i 1990'erne dannede *Økumenisk Center* i Aarhus ramme om de månedlige møder. Senere blev det Ældrecentret i Østergade, der lagde lokaler til møderne, og siden 2016 har de jyske kvækere mødtes hver anden måned på en privatadresse på Langenæs. Sideløbende har der været afholdt møder i Tarm og Brande, og på et tidspunkt også i Herning og Silkeborg. Hvert år i Store Bededagsferien mødes kvækere fra hele Danmark på retrætestedet *Skovhuset* mellem Skanderborg og Silkeborg. Blandt de aktive kvækere i Jylland kan nævnes forhenværende socialrådgiver Gerda Skovmand-Madsen (født 1930), der blandt meget andet har været aktiv inden for organisationen *Adoption og Samfund*. Hun var som ung elev på Woodbrooke og har blandt andet oversat Sven Rybergs bog *"En time i stilhed"* (2015). Endvidere kan nævnes forfatter, oversætter og forlagsindehaver Luise Hemmer Pihl (født 1940), der ud over sin deltagelse i kvækersamfundet også har været aktiv i det nordiske samarbejde og i *Folkebevægelsen mod EU*.

De danske kvækere i det 21. århundrede

Omkring årtusindskiftet flyttede Kvækercentret i København fra Vendersgade til den nuværende adresse på Drejervej 15, 4. sal, 2400 København NV. Kvækerne har aldrig haft specielt mange medlemmer i Danmark, og i dag er der mindre end 30 aktive medlemmer af Vennernes Samfund. Til trods herfor mødes de danske kvækere stadig regelmæssigt både i København og i Jylland, ligesom de efter bedste evne deltager i internationale kvækersammenhænge. Blandt andet afholdes der med faste intervaller fællesnordiske årsmøder i Sverige, ligesom gensidige besøg styrker den nordiske samhørighed. Samarbejdet med de 150 norske og de 100 svenske kvækere er naturligvis især vigtigt for et lille årsmøde som det danske. Det nordiske sprogfællesskab gør det også muligt at læse hinandens udgivelser, ligesom danske skribenter fra tid til anden bidrager til det norske tidsskrift *KVEKEREN* og til udgivelser på *Kvekerforlaget*.

Ekskurs: Kvækerne i Norge, Sverige og Finland

Det norske kvækersamfund er som nævnt etableret allerede i 1818, men det blev ikke lige straks anerkendt af myndighederne. Fra 1825 og frem emigrerede en del norske kvækere til Amerika, blandt andet for at undgå myndighedernes retsforfølgelse. I 1846 blev Kvækersamfundet dog det første officielt registrerede dissidentersamfund i Norge. I 1860'erne var der cirka 175 officielle medlemmer, mens 4-500 nordmænd ved folketællingerne selv oplyste, at de var kvækere. Omkring forrige århundredskifte deltog kvækerne i grundlæggelsen af den norske fredsbevægelse, og militærnægtersagen stod højt på dagsordenen. Op gennem det 20. århundrede skete der også i Norge en liberalisering og modernisering af kvækerdommen. I 1937 begyndte udgivelsen af tidsskriftet *KVEKEREN*, og i 1940 startede et organiseret hjælpearbejde gennem *Kvekerhjelp*. I dag har de cirka 150 norske kvækere faste andagtsmøder i Stavanger, Bergen, Oslo og Kristiansand/Mandal. Kvækerne modtog i 2019 Norges Kristne Råds *Ikkevoldspris*.

De første svenske kvækere blev medlemmer af Londons årsmøde i 1920'erne. Først så sent som i 1935 dannede cirka 25 svenske kvækere et årsmøde uafhængigt af England og Norge. Mange af dem var kvinder med teologen Emilia Fogelklou og forfatteren Elin Wägner som fremtrædende eksempler (se side 47-49). Kvækerne er aktive i svensk freds- og hjælpearbejde (Kväkarhjälpen). Indtil 2011 udgav de svenske kvækere et kvartalstidsskrift, som siden 2012 er blevet omdannet til et årsskrift. Der er i dag cirka 100 svenske kvækere med faste andagtsmøder i Göteborg og Stockholm (med mødestederne Kväkargården og Svartbäcken).

Fra 1946 til 1992 hørte månedsmødet i Helsinki, Finland under Sveriges årsmøde, men siden 1992 har Finland udgjort et selvstændigt årsmøde med cirka 25 medlemmer og faste andagtsmøder i Helsinki og Tampere.

Danske kvækere er nu som før aktive i fredsarbejde, men i dag også i miljøgrupper og flygtningearbejde. Arbejdet udføres sjældent af en samlet gruppe, men snarere af enkeltpersoner i samarbejde med ligesindede ikke-kvækere i lokale initiativer.

Kvækersamfundet har flere gange i de seneste 25 år fået fyldig omtale i artikler i *Kristeligt Dagblad*, ligesom der i august 2016 var en fin radioudsendelse om kvækerne på P1 (i programmet *Religionsrapport*). I en årrække har kvækerne deltaget i Kultur-natten i København, ligesom de deltog, da Aarhus i 2017 var Europæisk Kulturhovedstad.

Foruden de allerede nævnte personer fungerer Bodil Linnea Ingversen i dag som samfundets sekretær sammen med Jens Steensberg, og Vibeke Stage er kasserer. Hanne Henriksen repræsenterer de danske kvækere i FWCC, og Jessica Klaphaak er aktiv i bestræbelserne på at åbne Kvækercentret op for børne-familier. Martin Mørch er blandt andet aktiv i fredsbevægelsen og Mellemfolkeligt Samvirke, mens Niels Kjær, der har skrevet flere bøger om kvækerne, i 2019 har overtaget redaktionen af samfundets elektroniske nyhedsbrev, *KVÆKERNYT*.

Konklusion

Selv om det danske kvækersamfund altid har været lille, hvad medlemstal angår, har det i kraft af en række ildsjæle formået at sætte sig varige spor, også i Danmark. Medlemmernes arbejde for fred, forsoning og ligeværd har bredt sig som små ringe i vandet. Kvækerne har undgået at blive en sekt, fordi medlemmerne altid har været åbne for at samarbejde med andre på kryds og tværs. Det blev aldrig udbredelsen af kvækerdommen, der var selve hovedsagen. Snarere har det været livet som kvæker og deltagel-sen i den stille andagt, der har givet Vennerne den indre ro og styrke til at gå ud i verden og gøre en forskel. Sådan bør det også være i fremtiden.

III. GRUNDTVIG OG KVÆKERNE – MED ET SIDEBLIK TIL NORGE

Grundtvigs betydning

Nikolai Frederik Severin Grundtvig (1783-1872) er en af de absolut mest betydningsfulde personer i dansk historie, og han er (som både præst, forfatter, filosof, historiker, digter, folkeoplyser, skolemand og politiker) uden tvivl den enkeltperson, der har bidraget mest til udviklingen af en særlig dansk identitet. I udlandet er han især kendt som "folkehøjskolens fader" og som digter (Grundtvig er repræsenteret med 253 salmer i *Den Danske Salmebog* og med 86 sange og salmer i *Højskolesangbogen*, og mange af hans sange og salmer er oversat til andre sprog).

I løbet af de seneste 15-20 år er en række hidtil ukendte og ikke tidligere publicerede Grundtvig-manuskripter blevet trykt i forskellige sammenhænge. Sammen med den allerede kendte Grundtvig-litteratur giver de nye tekster mulighed for at påvise, at Grundtvig livet igennem var optaget af George Fox og kvæker-dommen, og at grundtvigianismen faktisk fra Grundtvigs side kan opfattes som et forsøg på at skabe en bevægelse, der forener det bedste fra kvækerdommen med lutherdommen.

Den unge Grundtvig

I løbet af sit lange liv skiftede Grundtvig syn på mangt og meget. Han blev teologisk kandidat i 1803, men nærede i begyndelsen intet ønske om at blive præst. Derfor virkede han først som huslærer og senere som lærer på et privat gymnasium i København. I 1811 blev han imidlertid ordineret som hjælpepræst for sin gamle far i Udby på Sydsjælland. På dette tidspunkt af sit liv var Grundtvig en ortodoks-pietistisk lutheraner, og da han i 1812 og 1817 udgav sine første verdens-krøniker, kom han på kant med hele datidens kulturelite på grund af sine kategoriske og udiplomatiske fordømmelser af en lang række personer og forhold. Også George Fox og kvækerne blev kritisk bedømt af den unge Grundtvig, og han uddelte både ros og ris. Grundtvig mente, at det var den engelske kirkes forfald og "de lærdes ugudelighed", der kaldte George Fox til handling, og han roste de første kvækere for at have bidraget til Englands frelse og velstand, da undergangen truede under borgerkrigen i 1650'erne. Til gengæld var Grundtvig som ortodoks lutheraner stærkt utilfreds med kvækernes tilsidesættelse af kirkeinstitutionen, sakramenterne og forsoningslæren. Han kaldte George Fox "en hovmodig sværmer", fordi han satte "den indre Kristus" over Bibelens ord, og han mente, at kvækernes erklærede tolerance dækkede over slap ligegyldighed.

Grundtvig. Maleri af C.F. Christensen, 1820

Opgør med lutherdommen

I løbet af 1820'erne og 1830'erne skiftede Grundtvig imidlertid syn på flere områder. Ungdommens pietistisk farvede lutherdom udviklede sig hos den modne Grundtvig til en ny livsholdning, der på visse punkter medførte en kritik af lutherdommen – uden at Grundtvig af den grund dog direkte kritiserede Martin Luther selv. Under sin præstegerning fra 1821 til 1826 nåede Grundtvig frem til det standpunkt, at Bibelen ikke er Guds åbenbarede ord, men et menneskeligt vidnesbyrd om kirkens ældste historie. På samme måde udviklede Grundtvig et skeptisk syn på de kirkelige dogmer og bekendelsesskrifter. Ifølge Grundtvig er det den apostolske trosbekendelse og indstiftelsesordene ved dåb og nadver, der er "det levende Ord", som rækker fra apostlenes dage frem til nutiden.

I årene fra 1829 til 1831 foretog Grundtvig tre studierejser til England, og mødet med den engelske livsform fik varig betydning for ham. Englændernes sans for åndelig og verdslig frihed og deres praktiske livssyn bevirkede, at Grundtvig fik et nyt frihedssyn. Fra nu af opgav Grundtvig alle tanker om tvang i trosspørgsmål, ligesom han fra nu af var parat til at samarbejde med alle "mennesker af ånd" i verdslige og politiske sager. Det betød også, at Grundtvig var rede til at holde skole sammen med mennesker, han var uenig med om troen. *"Menneske først og kristen så"*, lyder et af Grundtvigs berømte slagord fra 1830'erne.

På især tre punkter gjorde Grundtvig op med lutherdommen: Han tog for det første afstand fra den lutherske *skriftsfundamentalisme*, der sætter lighedstegn mellem Bibelen og Guds Ord. For det andet var han kritisk over for den lutherske *syndsfundamentalisme* (læren om arvesynden), og for det tredje foretog han et opgør med den lutherske *statsfundamentalisme* (den nære forbindelse mellem stat og kirke). På alle disse tre punkter nærmede Grundtvig sig altså i løbet af 1820'erne og

1830'erne kvækernes anskuelser, som han jo ellers tidligere havde kritiseret. Tilbage stod dog en fundamental uenighed om trosbekendelsen og sakramenterne.

Grundtvigs møde med kvækerne

I 1839 var der i England på initiativ af kvækeren Joseph Sturge blevet stiftet et nyt selskab, *British and Foreign Anti-Slavery Society* (BFASS), med henblik på at få de britiske og de kontinentale kolonimagter til at ophæve slaveriet. Grundtvig blev medlem af den danske komite, der i øvrigt medvirkede til, at Danmark i 1848 ophævede slaveriet på de dansk-vestindiske øer, og kontakten med det kvækersk prægede BFASS betød, at Grundtvig efterhånden fik et mere positivt syn på kvækerne. Sympatien blev yderligere styrket, da Grundtvig i august 1841 mødte det berømte søskendepar Elizabeth Fry og Joseph Gurney. De to kvækere var kommet til København som det danske kongepars personlige gæster for at virke dels for fængsels-reformer, dels for slaveriets ophævelse. På den tid var der kun ganske få danskere, der talte og forstod engelsk, og dronning Caroline Amalie havde derfor bedt den engelskkyndige Grundtvig om at fungere som tolk under kvækernes besøg i de køben-havnske fængsler.

Den 31. august 1841, dagen efter at de engelske gæster var rejst igen, holdt Grundtvig et foredrag, hvor han levende fortalte om sit møde med Elizabeth Fry. Grundtvig indledte med at under-strege, at han ikke var blevet omvendt til kvækerdommen, selv om han ønskede fuld religionsfrihed for kvækerne på eget ansvar. Derimod havde Elizabeth Frys store menneskekærlighed og sand-druhed gjort indtryk på ham, og han "nødtes til" at antage, at dette livssyn hang sammen med hendes kvækertro. Grundtvig udtrykte derfor håb om, at han selv ville kunne virke på samme måde i Danmark. Allerede her aner man Grundtvigs ønske om at skabe en dansk bevægelse, hvor ånd og hånd hører sammen.

Elizabeth Fry 1780-1845

Grundtvigs nye syn på kvækerne og hans samarbejde med dem understreger, at han mente det alvorligt, når han sagde, at han fra nu af i borgerlige sager (det vil sige i politiske, folkelige og verdslige anliggender) ville kunne samarbejde med alle uanset deres tro, hvis bare de var "mennesker af ånd".

Grundtvig og Norge

Grundtvig nærede en stor og livslang kærlighed til nordmændene og Norge. I 1810 kaldte han således Norge for "klippelandet", Nordens Petrus, og han overvejede flere gange i sin ungdom at flytte til Norge, enten som præst eller som professor ved det nyoprettede universitet i Kristiania. Hele sit liv korresponderede Grundtvig med en række nordmænd, og hans bøger og skrifter blev flittigt læst i Norge. Ikke mindst var folkehøjskolebevægelsen i Norge (med ledere som Ole Vig og Christopher Bruun) inspireret af Grundtvigs tanker om en sand folkeoplysning i *"Skolen for Livet"* – i modsætning til datidens latinskole. Også Bjørnstjerne Bjørnson var i sin ungdom (indtil 1872) stærkt påvirket af Grundtvigs livssyn.

Inden for den norske kirke kan nævnes præsten og salmedigteren Wilhelm Andreas Wexels som en vigtig formidler af Grundtvigs teologiske tanker. De mere konservative lutheranere i Norge fik dog efterhånden held til at isolere de norske grundtvigianere og fryse dem ud, så de aldrig fik den samme indflydelse i Norge som i Danmark.

I sommeren 1851 besøgte Grundtvig for første og eneste gang Norge for at deltage i det skandinaviske studentermøde i Kristiania. Han blev modtaget af en stor folkemængde på kajen, og under opholdet i Norge mødtes han med en række politikere, kirkefolk og kulturpersonligheder. Et par år i forvejen – fra 1848 til 1849 – havde Grundtvig deltaget i den grundlovgivende forsamling i Danmark, hvor han havde arbejdet for at grundlovssikre ytringsfrihed og religionsfrihed samt for mundtlighed i retsplejen. *"Frihed for Loke såvel som for Thor"*, lød Grundtvigs frihedsmotto. Da Grundtvig under sit ophold i Kristiania den 13. juni 1851 blev inviteret til at tale i byens domkirke, valgte han derfor trosfrihed som sit tema. Det var netop da et højst aktuelt emne i Norge, fordi Stortinget var i færd med at behandle et forslag om at ophæve den såkaldte "jødeparagraf" i den norske grundlov. Grundloven af 1814 forbød i sin § 2 jøder adgang til det norske rige. Stortinget havde afbrudt sine forhandlinger for at overvære Grundtvigs tale i domkirken, og efter gudstjenesten overværede Grundtvig til gengæld Stortingets videre behandling af sagen. Her kunne Grundtvig høre sig selv citeret fra Stortingets talerstol til fordel for en ophævelse af jødeforbuddet. Samme dag vedtog Stortinget grundlovsændringen, der trådte i kraft nogle måneder senere.

Grundtvigs endelige syn på kvækerne

Grundtvig arbejdede i flere omgange på en fortsættelse af sin verdenshistorie, et tillæg der skulle dække den 150-årige periode fra 1715 op til nutiden i 1860'erne. Der foreligger ikke færre end seks utrykte udkast til den påtænkte fremstilling af det 18. og 19. århundredes historie, men Grundtvig forkastede alle sine udkast og endte i 1869 med blot at skrive et kort tillæg på ti sider til andenudgaven om perioden fra 1715 til 1866. Hvis man studerer de kasserede udkast, bliver man opmærksom på, at noget af det, der voldte Grundtvig allerstørst vanskelighed at fremstille tilfredsstillende, var hans syn på kvækerne.

Grundtvig ønskede både frihed og ånd, men når han studerede det 18. og 19. århundredes historie, var det svært for ham at finde disse to ting samtidig. Dér, hvor friheden var i højsædet – fx i den franske og den amerikanske revolution – savnede Grundtvig ånd, og dér, hvor der var ånd – fx i lutherdommen – savnede Grundtvig frihed. Kun et eneste sted fandt Grundtvig faktisk, at ånd og frihed var forenede, nemlig hos kvækerne! Dog måtte Grundtvig beklage, at George Fox ikke havde sans for kirken og dens sakramenter, dåb og nadver. Hvis han havde forstået, at det ikke var sakramenterne i sig selv, der var noget galt med, men den åndløse brug af dem, så kunne Fox, ifølge Grundtvig, være blevet en stor kristelig reformator på linje med Luther og Calvin.

Grundtvig publicerede altså ikke selv disse udkast, måske fordi de var for kontroversielle i samtiden, men i begyndelsen af 1860'erne holdt han nogle kirkehistoriske foredrag, *Kirke-Speil*, hvor han også gav plads til en fyldig omtale af kvækerne. Grundtvig kaldte her kvækerne *"Nyaarstidens bedste Natur-Mennesker"* og roste dem for sandfærdighed, redelighed, fredelighed, mildhed og menneskelighed. Kvækerne havde ifølge Grundtvig udvirket den reformation af menneskelivet, *"som man selv paa den lutherske Side i det sextende Aarhundrede maatte savne"*. Alligevel gentog Grundtvig, at eftersom kvækerne havde forkastet kirken og sakramenterne, kunne han, til trods for deres mange fortjenester, desværre ikke kalde dem "sande kristne". Og derfor satte Grundtvig sig det mål, at han ville give de kristne i Norden blik for *"Kristus-Livets ægte Menneskelighed"*. Og når det skete, forventede Grundtvig, at man snart "hos os" i Norden ville kunne finde alle kvækerlivets dyder, oven i købet præsenteret med større varme og ynde end kvækerne selv kunne fremvise.

Konklusion

Dr. phil. *Ole Vind* har i sin doktordisputats om *Grundtvigs historiefilosofi* (Gyldendal 1999) sagt, at George Fox er at forstå som "the missing link" mellem Luther og Grundtvig. Jeg vil for min egen regning tilføje, at hele den tidlige grundtvigianisme med dens organiserede 'vennemøder' bedst kan forstås som Grundtvigs forsøg på at skabe en helt ny bevægelse, et vennelag, hvor det bedste fra lutherdom, kvækerdom og nordiskhed smeltede sammen i en ægte menneskelighed, folkelighed og kristelighed. Det kan således konkluderes, at selv om Grundtvig på nogle områder forblev kritisk over for kvækerdommen, så har kvækernes tanker alligevel – gennem deres indflydelse på Grundtvig – indirekte haft en langt større virkningshistorie i Danmark og i Norden, end det normalt antages.

Siden 1860'erne er der nu igen gået en periode på 150 år, og både kvækerdommen og grundtvigianismen har på forskellig måde videreudviklet sig. Det er dog tankevækkende at konstatere, at de to retninger historisk set er nært beslægtede, og at de gensidigt har suppleret og kompletteret hinanden. (Se fx side 23-25.) Det nordiske frisind, folkeoplysningen og ytringsfriheden er i høj grad frugter af Grundtvigs virke, frugter som er vokset på et træ podet med kvækerdommens tanker.

IV. HISTORISKE KVÆKERE: TI PORTRÆTTER

Indledning
Både i fortiden og nutiden findes der mange store personligheder med kvækerbaggrund. Kvækerne undgår helst enhver form for persondyrkelse, men i en introduktion til kvækerdommen er det alligevel nyttigt at få lille et indblik i, hvordan kvækertroen har inspireret kvinder og mænd til at gøre en forskel i verden. Her følger ti portrætter af kvækere, der inden for de seneste 200 år har gjort sig bemærket på forskellige områder, og som alle var været inspireret af deres tro. Disse ti må så tjene som eksempler på kvækernes tro og virke i det faktiske menneskeliv.

John Greenleaf Whittier
I 1807 blev John Greenleaf Whittier født på en gård nær Haverhill, Massachusetts i USA som søn af kvækerparret John og Abigail Hussey Whittier. Hjemmet var grundlagt allerede i 1688 af hans tipoldefar. Selv beskrev han senere sit barndomshjem således: *"Vores gamle gård lå lunt under et bakkedrag, som strakte sig mod vest. Den var omgivet af skove til alle sider bortset fra sydøst, hvor et ophold i løvvæggen gav plads for synet af lave grønne enge, malerisk beliggende med lunde og fremspringende bakker."* Whittier har også skildret hjemmet i et langt vinterdigt, *Snow-Bound*, som nu er en af amerikansk litteraturs klassikere.

Kun 18 år gammel debuterede John Greenleaf Whittier med et digt i det lokale blad, *Free Press*. Det blev hurtigt til flere digte, og de næste år vekslede Whittier mellem studier på Haverhill Academy, journalistvirksomhed i Boston og arbejde på fødegården. I løbet af 1830'erne blev han stadig mere engageret i politisk virksomhed. Som journalist, redaktør og forfatter arbejdede han utrætteligt for en ophævelse af negerslaveriet. Mange modstandere af slaveriet mente, at væbnet kamp var en nødvendighed, hvis et positivt resultat skulle opnås. Whittier var imidlertid tro imod kvækernes overbevisning om, at vold blot vil avle ny vold. Han blev derfor allerede før Thoreau, Tolstoj og Gandhi en talsmand for effektiv, men ikkevoldelig modstand.

John Greenleaf Whittier (1809-1892)

I årene efter 1840 voksede Whittiers berømmelse som digter. Sammen med Emerson, Thoreau, Longfellow og andre var han med til at grundlægge en egentlig amerikansk nationallitteratur.

Et af Whittiers mest kendte digte er *Ichabod* fra 1850. Det er en kommentar til den lov fra samme år, som under strafansvar pålagde borgere i Nordstaterne at indfange og returnere bort-løbne slaver til deres ejere i Sydstaterne. Én af arkitekterne bag den forhadte lov (se på side 63 omtalen af loven i forbindelse med romanen *"Den sidste flugt"*) var nordstatspolitikeren Daniel Webster. Whittiers digt lyser af sorg og skuffelse over Websters vanære. Nogle få af versene lyder således i oversættelse:

Knust! Faldet! Slukt den stråleglans,
hans ry fik skabt!
Hans grå hårs milde æreskrans
for altid tabt!

Spot ikke! Fristes kan enhver
ved Djævlens list.
Kun skammens tårer svarer her
til mandens brist!

....

Ær den berømmelse, der gik
fortabt med ham!
Vig fra ham, gå med bortvendt blik
og skjul hans skam!

Da Den Amerikanske Borgerkrig i 1861 brød ud, på grund af Nord- og Sydstaternes forskellige syn på slaveriets fremtid, erklærede Whittier offentligt, hvad han anså for at være kvækernes forpligtelse i krigstid:

"Vi har ingen ret til at bede om eller forvente nogen fritagelse for den tugtelse, som det guddommelige forsyn nu påfører vor nation. Idet vi er trofaste mod vort vidnesbyrd imod krig, skylder vi sandhedens sag at vise, at heltemod og offervilje ikke er uforenelige med vore fredelige principper. Det er nu vor mission at formilde vore landsmænds lidelser, at besøge og hjælpe de syge og de sårede, at understøtte enkerne og de forældreløse samt at bidrage med økonomiske midler til godgørende formål."

Fire år senere i 1865, da slaveriet ved afslutningen af borgerkrigen blev endeligt afskaffet, skrev Whittier en jubelhymne, *Laus Deo!* (*"Lovet være Gud!"*). Første vers lyder:

Fuldbragt! Slut!
Klang af klokker, glam af krudt
sender glædens bud mod sky.
Klokketårne svajer, gynger,
mens kanoners salver slynger
jubelen fra by til by.

I 1857 var Whittier med til at grundlægge det ansete tidsskrift *The Atlantic Monthly*, og her blev mange af hans digte publiceret i de følgende år. Blandt andet den folkelige ballade *Telling the Bees* (fra 1858) om Mary's tragiske død. Sidste vers lyder:

Og lige siden har sangen lydt
til mig i min nød:
"Bier, bliv hjemme, for her er nyt:
Den søde Mary er netop død!"

I 1866 udkom Whittiers mest berømte værk, det lange, episke digt *Snow-Bound*. Fra da og til hans død i 1892 var "kvæker-digteren" John Greenleaf Whittier et nationalt ikon.

Whittier har også skrevet salmer og åndelige sange. En af dem, *"Du Far og Herre, du som rår"*, er i 2013 optaget i *Norsk Salmebok*.

Rufus Matthew Jones

Hvis man skulle udvælge en halv snes af de mest betydningsfulde personer i kvækersamfundets godt 350 årige historie, ville filosoffen og teologen Rufus Jones (1863-1948) ifølge Wilmer A. Cooper være én af dem.

Jones voksede som barn op i en gammel kvækerfamilie i Maine og tog eksamen fra Haverford College i Pennsylvania og fra Harvard, Massachusetts. Derefter underviste han gennem mere end 40 år i filosofi og religionspsykologi ved Haverford College og var livet igennem medlem af New Englands Årsmøde. Sammen med englænderen John W. Rowntree (1868-1905) var Rufus Jones med til at føre kvækerdommen ind i den moderne tidsalder. Jones var åben over for naturvidenskab og kultur, men selv om han var en ledende skikkelse inden for den liberale kvækerdom, arbejdede han samtidig utrætteligt på at skabe dialog og forståelse mellem konservative og liberale kvækere. Han understregede, at det centrale i kvækerdommen er den direkte erfaring af "det indre lys". Jones forstod denne erfaring som "bekræftende mystik" og definerede den som *"bevidstheden om en direkte og umiddelbar forbindelse med en transcendent virkelighed, som i erfaringsøjeblikket opleves som Gud"*. Den mystiske oplevelse var ikke livsfornægtende, men skulle tvært-imod gerne føre til et dybere socialt engagement.

Rufus Jones opfattede tro og handling som to sider af samme sag, og i 1917 var han derfor med til at grundlægge *American Friends Service Commitee*, de amerikanske kvækeres nødhjælps-organisation, og han blev AMFC's første formand. Her kunne militærnægtere gøre tjeneste under Første Verdenskrig, og efter krigen organiserede Jones bespisningen af mange tusinde sultende tyskere. Arbejdet blev senere videreført i mellemkrigstiden og under Anden Verdenskrig. Det var også Jones, der i 1947 repræsenterede AMFC i Stockholm ved overrækkelsen af Nobels Fredspris.

I 1927 foretog Jones en studierejse til Kina, Japan, Indien og Palæstina. Her mødte han blandt andet Mahatma Gandhi, og rejsen var med til at overbevise Jones om, at nødhjælp ikke måtte sammenblandes med aggressiv missionsvirksomhed, men at andre religioner tværtimod skulle anerkendes og respekteres for deres positive indflydelse og bidrag.

I 1938 efter *Krystalnatten* rejste Jones til Nazi-Tyskland og udvirkede, at en gruppe jøder fik tilladelse til at emigrere til USA. Han mente selv, at kvækernes hjælp til Tyskland efter Første Verdenskrig havde medvirket til, at hans anmodning blev efterkommet.

Rufus M. Jones

Det er næppe for meget sagt, at ingen enkeltperson i USA eller Europa har betydet mere for udviklingen af en moderne, liberal kvækerdom end Rufus Jones. Han er både den mest betydningsfulde teolog inden for det 20. århundredes kvækerdom *og* en af de allervigtigste praktiske organisatorer. En sjælden kombination.

Elisabeth Abegg

Indtil slutningen af Første Verdenskrig var Strasbourg en tysk by, og her blev Elisabeth Abegg født i 1882 som tysk statsborger. Efter studentereksamen studerede hun historie og klassisk filologi ved Leipzig Universitet, og i 1918 flyttede hun til Berlin. Abegg var dybt inspireret af Albert Schweitzers humanistiske lære og stod i løbende forbindelse med ham. I Berlin blev hun endvidere hurtigt engageret i kvækernes hjælpearbejde med at bespise de sultende tyskere.

Elisabeth Abegg

Efter Adolf Hitlers og nazisternes magtovertagelse i 1933 var Elisabeth Abegg en af de få, der åbenlyst kritiserede det nye styre. Hun var lærer ved Luisengymnasium Berlin, men nazisterne tvang hende til at opgive lærergerningen. I 1941 blev Abegg officielt medlem af Vennernes Religiøse Samfund (Kvækerne), og i 1942 begyndte hun at hemmeligt at organisere hjælp for de forfulgte jøder. Gennem sine tidligere elever og sine kvækervenner skabte hun et netværk, der skjulte jøder og i nogle tilfælde hjalp dem på flugt til Schweiz. Selv skjulte hun fra 1942 til 1945 cirka 80 jøder i sin lejlighed og i nogle ledige nabolejligheder. Børnene underviste hun, og hun forsørgede dem ved at sælge sine personlige smykker og andre ejendele.

Efter krigen genoptog Elisabeth Abegg sin lærergerning, ligesom hun fortsat var aktiv i flere kvækergrupper. I 1957 – på Abeggs 75 års fødselsdag – udgav nogle af de jøder, hun havde reddet, en bog tilegnet hende (*"And a Light Shined in the Darkness"*), og samme år modtog hun Forbundsrepublikken Tysklands fortjenst-medalje, *Verdienstkreuz am Bande*. I 1967 tildelte den israelske organsation *Yad Vashem* Elisabeth Abegg ærestitlen *Righteous Among the Nations*, og efter sin død i 1974 er Abegg endvidere blevet æret med en mindeplade og et gadenavn i Berlin.

Elin Wägner

Elin Wägner blev født i 1882 – samme år som Elisabeth Abegg – i byen Lund i Sverige. Hendes mor, Anna Ekedahl, der var præste-datter fra Småland, døde, da Elin kun var tre år gammel. Faderen, Sven Wägner, blev i 1887 rektor i Nyköping og giftede sig året efter igen. I 1897, da Elin var 15 år, flyttede familien til Helsing-borg, hvor hun fortsatte sin skolegang. Hun skrev artikler til skolebladet og vandt i 1899 en novellekonkurrence for unge. Efter endt skolegang blev hun journalist og novellist på avisen *Helsingborgs-Posten*.

Elin Wägner debuterede som forfatter i 1907 med en novelle-samling og fik i 1910 sit gennembrud med romanen *"Pennskaftet"* (dansk *"Penneskaftet"*, 1911), der handler om en ung kvindelig journalist, der kæmper for kvinders valgret og for fri kærlighed. Samme år – 1910 – giftede Wägner sig med litteraturkritikeren John Landquist, men ægteskabet blev ikke lykkeligt, og det endte i 1922 med skilsmisse.

Elin Wägner virkede sideløbende som forfatter, journalist og social aktivist. Hun arbejdede både for kvindesagen, fredssagen og børns rettigheder. I 1914 var hun medstifter af *Frisinnade Kvinnor*, og fra 1924 til 1927 arbejdede hun som chefredaktør for foreningens tidsskrift, *Tidevarvet.* I 1919 var hun med til at stifte *Red Barnet,* der i begyndelsen især kæmpede for de børn, der var blevet ofre for Første Verdenskrig. Som udsendt af *Det Internationale Kvindeforbund for Fred og Frihed* rejste hun i 1922 rundt i Saarland med den engelske kvæker Marion Fox for at aflægge rapport om forholdene i regionen. Inspireret af Fox blev Wägner optaget af kvækerdommen, og senere blev hun selv kvæker og var i 1935 sammen med blandt andre teologen Emilia Fogelklou (1878-1972) med til at grundlægge *Vännernas Samfund* (*Kväkarna*) i Sverige.

Elin Wägner med 350.000 under-
skrifter indsamlet 1914 til fordel
for svenske kvinders valgret.

I den sidste del af Elin Wägners liv blev hun meget engageret i miljøsagen, og hun regnes i dag for en tidlig forløber for øko-feminismen. *"Engang troede jeg, det var kvinderne, der skulle sige fra, at sådan her kan det ikke blive ved at gå. Nu tror jeg, at det bliver Moder Natur, som gennem sine børn, dyrene og planterne, kommer til at gøre det,"* skrev hun i et brev til Emilie Fogelklou.

48

Elin Wägner udgav i 1942-43 et tobindsværk om Selma Lagerlöf (dansk udgave, 1943 og 1945), og hun blev i 1944 som den kun anden kvinde indvalgt i *Det Svenska Akademien* (*"De Aderton"*), der blandt andet uddeler Nobelprisen i litteratur. Wägner døde i januar 1949.

Eric Baker

Eric Baker blev født i 1920. Allerede mens han var elev på Nether Edge Grammar School i Sheffield erklærede han sig som pacifist og søgte medlemskab hos Vennernes Samfund (Kvækerne). Under Anden Verdenskrig var Baker militærnægter af samvittigheds-grunde og blev i 1941 bedt om over for en domstol at begrunde hvorfor. Han svarede, at *"han havde erfaret Jesu kærlighed og følte sig kaldet til at besvare den åndelige lidelse i verden"* (se *"Quaker faith & practise"*, 2009, 24.14). Under og umiddelbart efter krigen arbejdede han på bespisningsprogrammer for de sultende folk i Europa.

Som ung giftede Eric Baker sig med Joyce, der også var kvæker, og hun blev hans trofaste livsledsager. De blev i fællesskab udsendt som sekretærer til kvækercentret i Delhi, Indien fra 1946 til 1948. Senere blev Eric Baker formand for *Quaker Peace and Social Witness*, ligesom han startede en kampagne for atom-nedrustning.

I slutningen af 1950'erne og begyndelsen af 1960'erne rejste Baker på fire fredsmissioner til Cypern på vegne af *Friends Peace & International Affairs Committee*. På Cypern blev han ven med katolikken Peter Benenson, og i 1961 hjalp han denne med at skrive en artikel i *The Observer* om "de glemte fanger". Artiklen satte fokus på de politiske fanger og krævede amnesti for dem. Det blev startskuddet til *Amnesti International*, grundlagt i 1962 af Peter Benenson, Eric Baker og nogle få andre. *"Peter havde visionerne, og Eric førte dem ud i livet,"* som Joyce Baker senere udtalte. Det var fx Baker, der lancerede termen *samvittigheds-fange* (*"prisoner of conscience"*).

Eric Baker

Eric Baker fungerede fra 1965 til 1971 som formand for den britiske sektion af Amnesty International og var fra 1966 til 1968 leder af hele verdensorganisationen, der i dag har over 3 millioner medlemmer i 150 lande. I 1973 organiserede Baker en stor konference i Paris om tortur, hvilket resulterede i AI's rapport *"Report on torture"*. Baker var også ophavsmand til, at tortur-sagen fik høj prioritet blandt britiske kvækere. I 1977 – året efter Eric Bakers alt for tidlige død – modtog Amnesty International Nobels Fredspris for sin kampagne mod tortur.

Eric Bakers hvilested er i kvækernes mødehus i Maldon, Essex, hvor han og Joyce var medlemmer.

Dorothy Stowe

"Nogle mennesker ønsker at forandre verden, andre ønsker at redde den. Måske ønskede Dorothy Stowe begge dele." Sådan skrev pressen om Stowe efter hendes død i 2010.

Denne bemærkelsesværdige kvinde blev født 90 år tidligere – i 1920 – som Dorothy Anne Rabinowitz, datter af jødiske indvandrere til Rhode Island (U.S.A) fra Galicien i det nordvestlige Spanien. Hun voksede op i et intellektuelt stimulerende hjem med mange gæster og studerede senere engelsk og filosofi ved Pembroke College. Under Anden Verdenskrig tjente hun som forsyningsofficer i flåden. Efter krigen arbejdede hun en tid som socialarbejder inden for psykiatrien og blev formand for den lokale fagforening.

Dorothy Stowe

I 1953 blev Dorothy gift med Irving Strasmich, der var sagfører og menneskerettighedsforkæmper. Skønt de begge var født og opvokset som jøder, besluttede de at konvertere til kvækerdommen, og de ændrede deres fælles efternavn til *Stowe* til ære for Harriet Beecher Stowe, kvinderetsforkæmper og forfatter til "Onkel Toms hytte" (se side 61). Parret blev forældre til to børn, Robert (født 1955) og Barbara (født 1956). *"Mine forældre var ikke bare gift med hinanden,"* har Barbara som voksen udtalt, *"de var også gift med aktivisme".*

I 1950'erne begyndte ægteparret Stowe at protestere mod atomvåben og atomprøvesprængninger. De praktiserede kvækerstrategien om "at bære vidnesbyrd" og om "at tale sandhed til magten". I 1961 flyttede parret og deres børn til New Zealand for at undgå at betale skat til den amerikanske stat, men da Frankrig påbegyndte atomprøvesprængninger i Fransk Polynesien, og New Zealand i 1965 besluttede at deltage i Vietnamkrigen på den amerikanske side, emigrerede familien videre til Canada.

I 1967 mødte ægteparret Stowe et andet par, Jim og Mary Bohlen, ved en fredsmarch. Ægteparret Bohlen var ligeledes amerikanske kvækere, udvandret til Canada. I 1970 dannede de to par ved et køkkenbord en lille komité, som de gav navnet *'Don't Make a Wave'* som en advarsel mod at udløse en tsunami ved de undersøiske atomprøvesprængninger i Stillehavet. Inspireret af en aktion udført ti år tidligere af fire kvækere i båden *Golden Rule* ved Marshall-øerne lejede parrene Stowe og Bohlen et fiskefartøj, som de kaldte *Greenpeace*, og sejlede til Amchitka Island i Alaska for at protestere mod de planlagte atomprøvesprængninger dér. Båden blev opbragt af den amerikanske kystvagt, men den store pressedækning bevirkede alligevel, at sprængningerne blev opgivet.

I 1972 blev køkkenbordskomiteen omdøbt til organisationen *Greenpeace*, og de næste 30-35 år arbejdede Dorothy Stowe utrætteligt bag scenen på at organisere den voksende miljøaktivisme. Da rockbandet *U2* i 2005 gav koncert i Vancouver, blev Stowe inviteret op på scenen af sangeren Bono, som dedikerede sangen *Original of the Species* til hende.

Greenpeace har i dag cirka 3 millioner medlemmer fordelt i 40 lande rundt om i verden. *"Hvem skulle have troet, at fire mennesker ved et køkkenbord kunne starte så stor en bevægelse?"*, spurgte Dorothy Stowe kort før hun døde. Efter hendes død tilføjede forfatteren Rex Weyler, at den bedste måde at mindes Dorothy Stowe på er *"at stå op hver morgen og fortsætte hendes arbejde med at tjene freden, retfærdigheden og den levende jord"*.

Joram Mugunda Amadi

Kvækerne i Østafrika, først og fremmest i Kenya, udgør i dag det største og det hurtigst voksende kvækersamfund i verden. En af de personer, der har været med til at præge udviklingen i både det moderne Kenya og i det lokale kvækersamfund, er Joram Mugunda Amadi (1930-2013).

Amadi blev i 1930 født som medlem af en stor kvækerfamilie i Vihiga-regionen i det vestlige Kenya, der på det tidspunkt var en britisk kronkoloni. Efter endt skolegang begyndte han sin lange journalistiske karriere med at etablere en lokal avis, *Mulina wa Vosi* (*"Ven med alle"*), der var skrevet på et jævnt hverdagssprog, som enhver kunne forstå.

Sidst i 1950'erne – hen mod slutningen af kolonitiden – blev Joram Mugunda Amadi medarbejder og senere den første sorte redaktør af den indflydelsesrige avis *East African Standard*. Han var også med til at grundlægge Kenyas Journalistforbund (KUJ) og blev forbundets første formand.

Amadi arbejdede sammen med andre ledende kenyanere på at forberede Kenyas selvstændighed. Han var en del af inderkredsen omkring den senere præsident Jomo Kenyatta (1891-1978) og en nær ven af Tom Mboya (1930-1969), der efter uafhængigheden i 1963 blev Kenyas første arbejdsminister og senere økonomiminister.

Joram M. Amadi

Mugunda Amadi blev efter uafhængigheden selv en del af UNESCO's udviklingsprogram i Kenyas landdistrikter, hvor han var med til at etablere lokale aviser, der kunne påvirke fremtiden i en gunstig retning. Ikke mindst betydningen af bedre skolegang og uddannelse for Kenyas børn og unge havde hans interesse. Ligeledes var Amadi optaget af at bevare den lokale kultur, og han blev medgrundlægger af *Vihiga Cultural Society*, et selskab der har til formål at bevare Maragoli-stammens traditioner.

Joram Mugunda Amadi forblev livet igennem trofast mod sine kvækerrødder. Han varetog hverv i sin lokale kvækermenighed og var medlem af *East Africa Yearly Meeting* (Østafrikas Årsmøde). Ikke mindst delagtiggjorde han gennem artikler i *Friends Journal* det internationale kvækersamfund i udviklingen i Kenyas kvæker-miljø. Han døde 83 år gammel i sin fødeby Chango den 29. december 2013.

James Turrell

James Turrell er født 1943 og opvokset i en konservativ kvæker-familie i Californien. Der blev i hans barndomshjem lagt stor vægt på en enkel levevis, både i klædedragt, tale og handling. Derfor var der – og er til dels stadig – en vis skepsis i Turrells familie over for hans karriere som verdensberømt kunstner.

I sine første studieår tog James Turrell en akademisk grad i psykologi og studerede også matematik, geologi og astronomi. I 1966 begyndte han på University of California at uddanne sig inden for kunst og lavede sine første lysprojektioner. Studierne blev imidlertid afbrudt, da Turrell fik en fængselsdom for at have hjulpet unge med at undgå militærtjeneste under Vietnamkrigen. Selv har han udtalt, at han ud fra sin kvækertro er imod krig og derfor formidlede juridisk bistand til unge mænd og hjalp dem med at skaffe sig lægeerklæringer om fx øjenproblemer. *"Det var en mærkelig tid i USA's historie,"* siger Turrell. *"Vi bombede*

Vietnam og fløj samtidig til månen, men sådan er Amerika. Brutal ødelæggelse og smuk optimisme går hånd i hånd."

Efter sit fængselsophold fortsatte James Turrell sine lys-eksperimenter sammen med kunstnere som fx Robert Irwin og Mary Corse inden for bevægelsen *Light and Space.*

James Turrell kaldes undertiden "vor tids Michelangelo". Han arbejder i næsten alle sine værker med *lyset* som medie. Selv siger han herom: *"Min interesse er i lys. Lyset er altid i bevægelse, så jeg skaber rum for at indsamle og fastholde det... Jeg vil styrke det bånd, så vi kan føle lyset, så vi kan bade i det."*

James Turrells andagstsrum i kvækernes mødehus
på Chestnut Hill i Philadelphia, Pennsylvania, USA

"Det indre lys" er som bekendt et centralt begreb i kvækertroen, og for James Turrell, der lever som praktiserende kvæker, er der en klar sammenhæng mellem hans tro og hans lyskunst. I et inter-view med internetmagasinet *Designboom* udtaler han: *"For mig er lys et livsnødvendigt næringsmiddel, næsten ligesom mad. Jeg er optaget af lyset inden i os. Når vi lukker øjnene og drømmer, ser vi et andet lys, end vi gør med åbne øjne. Normalt bruger vi lys til at oplyse tingene rundt om os, men jeg er mere interesseret i det personlige, indre lys."*

Turrell har i en række lande rundt om i verden skabt nogle rum, som han kalder *skyspaces*. Der findes fx et skyspace i Oslo, ligesom der er planlagt ét i Aarhus i forbindelse med Kunstmuseet ARoS. Et skyspace er et lukket rum, hvor man gennem en åbning i loftet kan betragte et udsnit af himlen.

Efter samme koncept har Turrell designet flere nye mødehuse for kvækere. Turrell håber gennem sine værker at skabe interesse for nutidens kvækerdom. *"Vi har brug for, at folk opdager, at kvækerne er interesseret i den moderne verden"*, siger han og tilføjer: *"Hvis mine rum kan styrke og vække andagtsmøder til nyt liv, har jeg nået mit mål."*

I 2013 præsenterede kunstmuseet *Guggenheim* i New York en række værker af Turrell på en fantastisk udstilling, som gav beskuerne en oplevelse af religiøse dimensioner. Et andet, endnu ufuldendt værk, som Turrell har arbejdet på i 40 år i Arizonas ørken er *Roden Crater*, der forhåbentlig snart kan åbnes som et gigantisk observatorium til studiet af himmelrummet.

James Turrell foran Roden Crater

Jocelyn Bell Burnell

I 1943 – samme år som James Turell – kom en anden kendt kvæker til verden i Belfast, Nordirland. Det drejer sig om den britiske astronom Jocelyn Bell Burnell, der som helt ung ph.d.-

studerende i 1967 gjorde en sensationel opdagelse, som med et slag bragte hende verdensberømmelse.

Sammen med Cambridge-astronomen Antony Hewish havde Jocelyn Bell været med til at bygge et – set med nutidens øjne – temmelig primitivt radioteleskop. Hensigten var at lokalisere og måle størrelsen af kvasarer, nogle dengang nyopdagede galakser, der udsender store mængder energi. Det blev Bells opgave at aflæse målingerne fra teleskopet, og snart opdagede hun et blinkende radiosignal, der ikke stammede fra hverken en kvasar eller en jordisk kilde, men havde sin oprindelse et bestemt sted i rummet.

Jocelyn Bell Burnell ved radioteleskopet i 1968

Astronomerne var i vildrede. I begyndelsen overvejede de seriøst, om der kunne være tale om signaler fra en fremmed, intelligent civilisation ude i rummet. Men den 21. december 1967 fandt Bell endnu et signal fra et andet sted i rummet, og i begyndelsen af 1968 fastslog Antony Hewish, at der måtte være tale om radiobølger fra udbrændte stjerner, de såkaldte neutron-stjerner. Denne opdagelse blev begyndelsen på et helt nyt forskningsområde inden for astronomien. Roterende neutron-stjerner, der udsender radiosignaler, kaldes pulsarer, og det var altså de første kendte pulsarer, Jocelyn Bell opdagede for godt 50 år siden. Studiet af disse pulsarer har senere blandt andet været med til at blåstemple Einsteins relativitetsteori.

I den videnskabelige artikel, hvor opdagelsen af pulsarerne blev annonceret, står Bell nævnt som den anden af i alt fem forfattere. Men da Hewish i 1974 blev tildelt Nobelprisen for opdagelsen, blev hun fuldstændig glemt. Det medførte kraftig kritik fra en række fremstående videnskabsmænd, men selv tog hun det roligt og udtalte, at *"det ville devaluere Nobelpriserne, hvis de blev uddelt til ph.d.-studerende"*. Jocelyn Bell var i 1968 blevet gift, og hun hedder herefter Jocelyn Bell Burnell. I 1973 blev hun mor, og derfor har hun også fremsat et sarkastisk udsagn om, at *"mænd får priser, mens kvinder passer børn"*. Senere i livet har Bell Burnell dog heldigvis modtaget mange andre store hæders-bevisninger, blandt andet er hun udnævnt til *Dame Commander of the Order of the British Empire*, og hun har været præsident for både det britiske *Royal Astronomical Society* og (som den første kvinde) *the Royal Society of Edinburgh*.

Lige siden skoletiden har Jocelyn Bell Burnell været en aktiv kvæker. Hun har blandt andet fungeret som *Clerk* (Sekretær) for Det Britiske Årsmøde i 1995, 1996 og 1997. I bogen *"A Quaker astronomer reflects"* (2013) fortæller Bell Burnell om sin baggrund og om sit arbejde som astronom. I et afsluttende kapitel kommer hun ind på, hvilke konsekvenser den astronomiske videnskab har haft for hendes religiøse tro. Hun omtaler, at det ufatteligt store, tomme rum kan virke skræmmende og deprimerende på mange mennesker. Men for Burnell selv betyder "håb" ikke nødvendigvis en "happy ending" ved tidernes ende, men snarere en stædig tilskyndelse til her og nu at holde ud, selv når tingene ser sortest ud. Til at tro på det gode trods alt og fokusere på den nære fremtid.

Jocelyn Bell Burnell bekender sin tro på Gud. Dog ikke på en almægtig skabergud, men snarere på en kærlig gud, der arbejder gennem mennesker. I et interview om "Tro" i BBC udtalte hun i 2006 til Joan Bakewell, at hun først og fremmest har erfaret Guds nærvær, når hun har siddet til en kvækerandagt sammen med andre, der havde samme erfaring. Intervieweren spørger Burnell, om det er en mystisk oplevelse, og hun svarer: *"Ja, for mig er det helt sikkert en mystisk oplevelse, men ikke alle kvækere har det på den måde. Jeg har vist en stærk mystisk streng i mit indre."*

Emma Condori Mamani

Kvækerne i Bolivia udgør den tredjestørste gruppe i verden – efter USA og Kenya. Emma Condori Mamani repræsenterer således på én og samme tid både fremtiden, de sydamerikanske kvækere og den evangelikale, programmerede kvækertradition.

Mamari tilhører Quecha-folket, der sammen med Aymara-folket udgør de oprindelig nationer i Andesbjergene. Der bor i dag cirka 3-4 millioner quechuaer og aymaraer i Bolivia, Peru og Chile.

Mamani gik i en grundskole oprettet af kvækermissionærer, og efter en familietragedie blev hendes mor en overbevist kvæker, mens hun selv bevægede sig ud på en lang åndelig rejse. Hun begyndte at gå til kvækerandagt og fortsatte sin skolegang på Manantial Friends School. Som ung gik Emma Condori Mamani fire år på en kvæker-bibelskole og blev uddannet som evangelist. Samtidig blev hun en bevidst kvindesagsforkæmper i det patriarkalske bolivianske samfund.

I 2009 forlod Mamani sit hjemland, Bolivia, og fortsatte sin uddannelse på Earlham College i Richmond, Indiana, USA. Imens hun var studerende på Earlham bidrog hun til bogen *"Spirit Rising: Young Quaker Voices"* (2010). Senere var Emma Condori Mamani i nogle år spansklærer på Scattergood Friends School i Iowa.

Mamani er i dag cirka 40 år gammel og er mor til en datter på 16 år. Hun blev i 2016 leder af *Friends International Bilingual Center* i Bolivia, der tilbyder undervisning i sprog, men også programmer om social retfærdighed og fred. I 2017 udgav hun bogen *"Quakers in Bolivia: The Early History of Bolivian Friends"*, hvor hun skildrer dels kvækernes historie i Bolvia, dels sin egen personlige historie.

Emma Condori Mamani

I sommeren 2019 rejste Mamani rundt i USA for at tale med unge amerikanske kvækere om klimaforandringer. Hun delte her ud af de unge bolivianeres erfaringer med klimaforandringer i deres lokalområder. Hun fortalte også om kvindernes forbedrede vilkår i Bolivia, ikke mindst i årene efter 2005, hvor Evo Morales blev valgt som den første præsident fra landets oprindelige befolkning (aymara).

V. FIKTIVE KVÆKERE I LITTERATURENS VERDEN

Indledning

Kvækerne har som bekendt høje idealer. Undertiden lykkes det at leve op til idealerne, til andre tider mislykkes det. Vi har i det foregående afsnit mødt en række individuelle kvækerpersonligheder fra fortid og nutid. Som et supplement kan vi i litteraturens verden læse om fiktive kvækere, hvis liv bidrager til at tegne et nuanceret billede af de moralske konflikter, der venter kvækerne ude i det virkelige liv.

"Onkel Toms hytte" af Harriet Beecher Stowe

"Onkel Toms hytte", som udkom første gang i 1852, blev det 19. århundredes bedst sælgende roman, og bogen fik stor betydning for kampen mod slaveriet i USA. Harriet Beecher Stowe (1811-1896) var som abolitionist selv en ivrig modstander af slaveriet, og *"Onkel Toms hytte"* er et klassisk eksempel på, at skønlitteratur (ligesom film, teater og kunst) under visse omstændigheder kan påvirke den folkelige opinion mere end faglitteratur og saglige argumenter.

Set med nutidens øjne har Stowes roman flere åbenlyse mangler. Den er til tider drivende sentimental, og den har uden tvivl medvirket til at give os et temmelig stereotypt billede af de sorte slaver. Det er imidlertid altid farligt ensidigt at læse en gammel bog med nutidens briller på næsen, og de mangler, der måtte være ved *"Onkel Toms hytte"*, bør ikke overskygge den positive betydning, bogen havde i sin samtid.

I *"Onkel Toms hytte"* hører vi blandt andet om Eliza og George Harris, der sammen med deres barn er flygtet fra slaveriet i Sydstaterne, fordi slaveejeren vil skille familien ad. Eliza og George finder et skjul i en kvækerkoloni, som hjælper dem og deres barn på den videre flugt til Canada. George er ked af at involvere kvækerne i deres farlige situation, men de forsikrer ham om, at de allerede er involverede af samvittighedsgrunde. De sorte forfølges af slavejægeren Tom Loker, som imidlertid selv bliver såret under jagten. En kvækerkvinde (Dorcas) plejer Loker, der som følge heraf forandrer sig og opgiver sin profession.

Det billede, der i "Onkel Toms hytte" tegnes af de amerikanske kvækere, er entydigt positivt. Ifølge Stowe selv havde hun personligt kendskab til kvækerne, og det er da også historisk korrekt, at mange kvækere deltog aktivt i den såkaldte *Underground Railrow*, de sorte amerikaneres flugtrute fra Syd til Nord.

"Onkel Toms hytte" udkom allerede i 1853 i dansk oversættelse. Den var oprindeligt en voksenroman på 616 sider, men den er senere især blevet læst i en række stærkt forkortede børnebogsudgaver.

"Den sidste flugt" af Tracy Chevalier
En moderne fremstilling af den førnævnte *Underground Railrow* møder læseren i Tracy Chevaliers roman "*The Last Runaway*" (2013). I 2014 udkom bogen på dansk med titlen "*Den sidste flugt*".

Tracy Chevalier (født 1962 i USA, men siden 1984 bosiddende i England) er især kendt for sin roman *"Pigen med perleørering"* (1999, dansk oversættelse 2003), men *"Den sidste flugt"* er også blevet er stor succes, som har fået mange læsere.

Bogens hovedperson er den engelske kvækerpige Honor Bright, der i 1850 forlader sin beskyttede tilværelse i Dorset for at emigrere til USA med sin søster Grace, som derovre skal giftes med Adam Cox. Kort efter ankomsten til USA bliver Grace ramt af gul feber og dør. På egen hånd fortsætter Honor rejsen til den kvækerkoloni i Ohio, hvor Adam bor. Alt er nyt og anderledes end hjemme i England, selv broer, veje og træer. Honor er hjemme fra England dygtig til quilte, men også her erfarer hun, at stoffer og teknikker er anderledes i USA. Mest af alt er menneskene dog forskellige fra dem, hun kendte i Dorset.

Honor er som engelsk kvæker opdraget til at være principiel modstander af slaveri. Til sin overraskelse opdager hun imidlertid, at slavespørgsmålet splitter amerikanerne. Allerede i Philadelphia erfarer hun, at sorte og hvide har hver deres bænke ved søndagens andagtsmøde. Selv om alle mennesker ifølge kvækernes tro er lige, er der altså alligevel nogle, som er "mere lige end andre". Kvækerne har endog delte meninger om selve slavespørgsmålet. På den ene side er flertallet imod slaveriet, på den anden side viger mange tilbage for at bryde loven, der efter 1850 påbød alle amerikanere – også borgere i de slavefri Nordstater – at hjælpe slaveejerne i Syd med at pågribe og tilbagesende deres flygtede slaver.

Honor finder sig en mand (Jack Haymaker) i kvækerkolonien og får et barn, men snart udfordrer de forskellige holdninger til slaverne også deres ægteskab. For da Honor bliver aktiv deltager i "den underjordiske jernbane", udsætter hun sin lovlydige svigerfamilie for fare. Hun får ydermere forbudte følelser for en slavejæger (Donovan) og mener, at hun kan fornemme "lyset" også i ham.

Tracy Chevaliers nuancerede roman er godt researchet, og vi får undervejs meget at vide om livet som amerikansk kvæker i det 19. århundrede og om tilværelsens svære moralske dilemmaer, der ikke altid har entydige svar. Selv hovedpersonen Honor, der på overfladen er skildret særdeles positivt, synes at rumme mørke sider. Ind imellem får man som læser indtryk af, at også hun har sine fordomme og kan have svært ved at forstå folk, der tænker anderledes, end hun selv gør. Kvækerne er generelt skildret med sympati, men bestemt ikke ukritisk.

"Moby-Dick" af Herman Melville

Herman Melvilles berømte roman *"Moby-Dick"* fra 1851 (første danske oversættelse i 1942, seneste nyoversættelse i 2011) foregår på omtrent samme tid som Stowes og Chevaliers førnævnte romaner. Men selv om vi også i *"Moby-Dick"* befinder os blandt amerikanske kvækere i midten af 1800-tallet, er miljøet, menneskene og de moralske dilemmaer radikalt forskellige fra livet inde i fastlandet langs *"den underjordiske jernbane"*.

Handlingen i *"Moby-Dick"* tager udgangspunkt i hvalfanger-miljøet på øen Nantucket, Massachusetts. I 1690 havde kvækeren Ichabod Padduck grundlagt øens hvalfangstindustri, og 150 år senere dominerede kvækerne stadig hvalfangsten, der udgik fra Nantucket. Jagten gjaldt spermacethvalen, hvis olie var efter-stræbt, fordi den var velegnet til smøremiddel, til forbrænding i olielamper samt til brug i kosmetikindustrien. Nogle af Nantuckets kvækere skabte således store formuer på den lukrative hval-fangst.

Jagten på hvaler var imidlertid ikke ufarlig. Fx sank hvalfanger-skibet *The Essex* i 1820 efter et sammenstød med en hval i det sydlige Stillehav, og det var efter sigende denne begivenhed, der senere inspirerede Melville til at skrive *"Moby-Dick"*.

Herman Melville (1819-1891) havde et detaljeret kendskab til kvækerdommen, som han allerede havde skildret med sympati i to tidligere romaner, *"Mardi"* (1849) og *"White-Jack"* (1850). I *"Moby-Dick"* giver han på godt og ondt et mere nuanceret billede af kvækerne på Nantucket.

Vi følger i bogen hvalfangerskibet The Pequod, som ejes af to velhavende kvækere, Peleg og Bildad. Kaptajn på skibet er Akab, hvis egentlige formål med jagten er at hævne sig på Moby-Dick, den hvide hval, som har spist hans ene ben. Akabs sprog (fx hans brug af de personlige pronominer "thee" og "thou") afslører, at også han har kvækerbaggrund, men Melville skildrer ham som en frafalden "pseudo-kvæker". Hans modsætning er Pequods første-styrmand Starbuck, der fremstår som en klog og betænksom kvæker, som forsøger at modsige Akabs tiltagende vanvid. Akabs hævntørst forekommer Starbuck at være i blasfemisk modstrid med kvækertroen, men alle forsøg på at få Akab til at vende om er forgæves, og Starbuck viger trods alt tilbage for ulydighed og oprør mod skibets kaptajn.

Skibsejerne Peleg og Bildad kan læses som en advarsel mod rig-dommens magt over mennesker. En magt, som selv kvækere er underlagt. Akabs vanvittige forsøg på at besejre naturens ur-kræfter, symboliset i den hvide hval, viser tilsvarende, at også kvækere kan blive ofre for blod- og hævntørst. Endelig kan Starbuck opfattes som et billede på kvækerens evige dilemma: Skal han følge sine idealer – selv hvis det kræver ulydighed og ulovlig handling?

Jagten på Moby-Dick ender katastrofalt, og kun den unge, anonyme fortæller Ismael overlever.

"Drømmen om Amerika" m.fl. af Toril Brekke

Den norske forfatter Toril Brekke (født 1949) udgav fra 2006 til 2010 det vægtigste skandinaviske bidrag til kvækerlitteraturen. Det drejer sig om hendes trilogi *"Drømmen om Amerika"*,

"*Gullrush*" og "*Det lovede landet*" (dansk oversættelse 2007-2011), som tilsammen dækker den norske udvandring til USA gennem det meste af det 19. århundrede.

Det er især i seriens første bind, "*Drømmen om Amerika*", at vi hører om kvækerne, men de optræder også mere perifert i de to afsluttende bind. Toril Brekkes roman bygger på historiske kendsgerninger omkring kvækerne i Norge. Under Napoleonskrigen opholdt en række danske og norske søfolk sig i krigsfangenskab i England, og nogle af dem fik besøg af engelske kvækere. Det førte til, at det første norske kvækersamfund opstod i Stavanger, da disse søfolk vendte hjem i 1814. Her mødte de imidlertid forfølgelse og blev af myndighederne straffet med bøder og fængsel. Som følge heraf besluttede mange af dem i 1825 at emigrere til USA, og deres færd med skibet *Restauration* regnes for at være den første norske gruppe-udvandring til Amerika.

Den fiktive hovedperson Håvard i "*Drømmen om Amerika*" er en af de norske sømænd, der via engelsk krigsfangenskab vender hjem til Norge som kvæker. Vi hører gennem ham om kvækernes trængsler. Han møder den forældreløse Elise og hendes lillebror, Ansgar. Håvard ser i Elise et glansbillede, der ligger temmelig fjernt fra den virkelige kvinde, og gifter sig med hende, før de sammen skal udvandre til Amerika med *Restauration*. Håvard bliver imidlertid snydt af sin husbond og kommer ikke med båden. Vi følger så Elise, Ansgar og de andre passagerer – mest kvækere – på deres vej til New York og senere til et område ved Ontariosøen. Undervejs føder Elise et barn, Brenda, der er frugten af det korte ægteskab med Håvard. Mange år efter ankommer også Håvard til USA, og nye skæbnetråde flettes.

Brenda, Elises og Håvards datter, er den gennemgående figur, som binder handlingen i trilogiens bind sammen. Gennem hendes figur føres handlingen og den norske udvandrerhistorie helt op til slutningen af det 19. århundrede. Men det er som sagt især det første bind, der har interesse set fra et kvækerperspektiv. *"Drømmen om Amerika"* fortæller ganske levende et spændende stykke norsk-amerikansk historie, og undervejs får vi også et nuanceret billede af livet som skandinavisk kvæker i det 19. århundredes første halvdel. Sproget og replikkerne virker måske ikke altid helt ægte, men Brekkes bøger fortjener trods alt at blive læst for selve historiens skyld.

"Notes from an Exhibition" af Patrick Gale

Et eksempel på en nutidig kvækerfigur i den nyere romanlitteratur er Antony Middleton i *"Notes from an Exhibition"* (2007). Den engelske forfatter Patrick Gale (født 1962) fortæller i denne bog om en familie, der lever i Cornwall i anden halvdel af 1900-tallet.

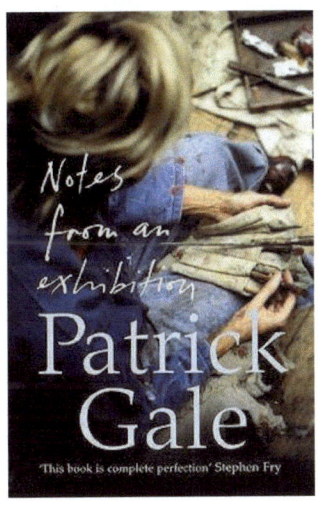

Rachel Kelly er en talentfuld kunstner, der har en bipolar lidelse. Hun møder Antony, som er kvæker og lærer. Han forstår hende og elsker hende, og de bliver gift og får fire børn. Antony bliver familiens stabile holdepunkt, *"the unchanging pavement under Rachel's weather"*. Rachel derimod kæmper med sin sygdom og er livet igennem splittet mellem sin kreativitet og sin galskab. Hvis hun tager sin medicin regelmæssigt, kan hun være velfungerende som mor og hustru, men mister til gengæld sin skaberkraft. Derfor bliver Rachels perioder med stabilt familieliv fra tid til anden afbrudt af kreative intervaller efterfulgt af dybe depressioner og selvmordstanker.

De fire børn vokser alle op med Rachels sygdom og lærer efterhånden at tackle den på hver sin måde. Antonys kvækertro får i forskellig grad betydning også for børnene. Det er den robusthed og ro, som er forbundet med kvækernes livsholdning, der bliver børnenes ballast.

Patrick Gales roman er af solid litterær kvalitet, og den er et af de bedste bud på en moderne skildring af kvækerliv og kvækertro i en tid, der nærmer sig vores nutid.

"Tjenerindens fortælling" af Margaret Atwood

Den dystopiske fremtidsroman *"The Handmaid's Tale"* (1985) er skrevet af Margaret Atwood (født 1939). Den danske oversættelse (*"Tjenerindens fortælling"*) udkom året efter i 1986.

Margaret Atwood er canadier, men romanen foregår i New England i en – set i forhold til 1985 – nær fremtid, altså omtrent i vores nutid. Her er fødselstallet på grund af forurening dalet faretruende. Et religiøst konservativt og totalitært styre har taget magten ved et kup og har skabt et autoritært samfund, hvor de få fødedygtige kvinder, der er tilbage, tvinges til at være rugemødre (tjenerinder) for eliten. Ufrugtbare kvinder og alle oprørske elementer henrettes eller sendes til 'kolonierne' for at destruere farlige kemikalier.

"Tjenerindens fortælling" er en af disse rugemødres beretning om livet i Gilead, som den nye stat hedder. Det er en fortælling om at blive frataget sin identitet og blive reduceret til et kønsobjekt, der tilhører staten på linje med al anden offentlig ejendom. En fortælling om hjernevask, frygt og isolation. Men også en fortælling om at overleve, om at håbe imod alt håb og om

at forsøge at huske fortiden, alle de daglige ting, man tog for givet og ikke satte pris på, mens tid var.

Sin inspiration til romanen fandt Margaret Atwood dels i det historiske New England i 1600-tallet, hvor puritanerne forfulgte alle anderledestroende og brændte oprørske kvinder som hekse, dels i Reagan-perioden i 1980'ernes USA, hvor konservative, evangeliske kristne satte kvinders og andre gruppers friheds-rettigheder under pres. Det er dog ikke religion som sådan, Margaret Atwood advarer imod. I romanen omtales blandt andre baptister og kvækere som Gileads fjender. Baptisterne gør væbnet modstand, og kvækerne har (ligesom i slavetiden) organiseret en underjordisk flugtrute til Canada.

Så sent som her i 2019 har Margaret Atwood, inspireret af Donald Trumps kvindefjendske USA og klimakrisen, skrevet en fortsættelse til ”Tjenerindens fortælling”. I ”Gileads døtre” (”The Testaments”) hører vi tre nye kvinders vidnesbyrd, der tilsammen tegner et troværdigt billede af, hvordan mennesker tænker og handler under ekstremt pres. Også i ”Gileads døtre” omtales kvækernes indsats for at hjælpe kvinder på flugt fra Gilead.

Begge bøger indeholder som afslutning en række historiske noter til beretningerne fra Gilead, leveret på det tolvte og trettende symposium ”over Gileadiske Studier” om et par år-hundreder. Af disse noter fremgår det, at i år 2195 er Gilead (heldigvis) for længst fortid.

Kvækerne spiller, som det vel fremgår af ovenstående referat, ikke ligefrem en hovedrolle i ”Tjenerindens fortælling” og ”Gileads døtre”. De omtales faktisk kun nogle få steder, men de fremstår alligevel som et håbgivende modstykke til Gileads herskende elite. Et lille lys i det store mørke.

”The Dazzle of Day” af Molly Gloss

Den amerikanske Science Fiction-forfatter Molly Gloss (født 1944) skrev i 1997 en fremtidsroman, ”The Dazzle of Day”, som fortæller om en gruppe kvækere i slutningen af det 22. århundrede på vej mod en ukendt fremtid ombord på et rumskib.

Romanens titel stammer fra et digt (*"After the Dazzle of Day"*) af Walt Whitman. Digtet, som er skrevet i 1888, indledes med ordene: *After the dazzle of day is gone, / Only the dark, dark night shows to my eyes the stars...*

Historien begynder i et kvækersamfund i Costa Rica i det 21. århundrede. Indbyggerne står over for et svært valg: Skal de blive boende på vores egen, stadig mere forurenede planet, hvor pest og kræft hærger, hvor arterne uddør én efter én, og hvor tørke, oversvømmelser og orkaner kræver flere og flere menneskeliv? Eller skal de gå ombord i det gigantiske rumskib *Dusty Miller*, som kan fragte flere tusinde mennesker indkapslet i et lukket økosystem ud i rummet på jagt efter en ny verden, en beboelig planet, der måske først vil blive fundet af deres børnebørn eller oldebørn? Valget personificeres gennem en 60-årig kvækerkvinde, Dolores, som overvejer frem og tilbage, om hun skal gå ombord i rumskibet eller ej.

I bogens anden del, der foregår 175 år senere, følger vi livet blandt efterkommerne af de oprindelige passagerer – kvækere fra Costa Rica, Japan og Norge. Som fællessprog bruger de *esperanto*, og kvækernes livsstil og praksis danner udgangspunkt for deres tanker og beslutninger. Igen står passagererne over for et svært valg: Skal de gå fra borde på den tørre, kolde og geologisk aktive planet, de er ankommet til, eller skal de fortsætte rejsen ud i det uvisse med et efterhånden temmelig nedslidt rumskib? Vi følger især én familie på *Dusty Miller*, men hører også om "forretnings-møder", hvor store afgørelser skal træffes, helst i enighed.

Endelig slutter bogen, som den begyndte, med en ældre kvinde på en helt særlig dag. Der er igen gået mere end et århundrede, og kvinden befinder sig på den nye planet, som nu er blevet kvækernes hjem. Vi får indblik i et på mange måder hårdt liv i en vanskelig natur, men også øjeblikke af religiøs indsigt og lykke.

"*The Dazzle of Day*" fortæller undervejs ganske meget om kvækernes særlige filosofi og praksis, men den handler (ligesom flere af de andre her omtalte bøger) især om det pres, mennesker sættes under, når de skal træffe altafgørende valg i en svær situation. Molly Gloss er en menneskekender, og hendes personer fremstår generelt overbevisende og nuancerede.

Afslutning

Vi har nu i syv romanværker fulgt en række fiktive kvækere gennem fire århundreder (fortid, nutid og fremtid) fra 1800-tallet frem til 2200-tallet. Romanerne tegner et broget billede af svære etiske dilemmaer, der ofte sætter personernes moral på prøve. Gennem nuancerede portrætter møder vi både "engle" og "faldne engle" og alle dem midt imellem og bliver på den måde lidt klogere på, hvad det vil sige at være menneske i en ufuld-kommen verden. Også i fremtiden skal livet som kvæker leves i medgang og modgang, og der skal – i det guddommelige lys og under åndens vejledning – træffes vanskelige valg.

LITTERATUR

Kvækerne før og nu

Artikler i tidsskrifterne *The Friend, Friends Journal* og *Kvekeren*.

Angel, Stephen and Dandelion, Pink (editors): *The Oxford Handbook of Quaker Studies* (Oxford University Press, 2013).

Dandelion, Pink: *An Introduction to Quakerism* (Cambridge University Press, 2007).

Ingle, H. Larry: *First Among Friends: George Fox and the Creation of Quakerism* (Oxford University Press, 1994).

Yolen, Jane: *Friend: The Story of George Fox and the Quakers* (Quaker Press, 2005).

Ambler, Rex (editor): *George Fox: Sannheten i hjertet* (Kvekerforlaget, Oslo 2017).

Murphy, Andrew R.: *William Penn: A Life* (Oxford University Press, 2018).

Jones, Rufus: *Kvækernes Tro og Virke* (Vennernes Samfund, 1953).

Durham, Geoffrey: *Being a Quaker: A Guide for Newcomers* (Quaker Quest, 2011).

Whitmere, Catherine: *Plain Living: A Quaker Path to Simplicity* (Sorin Books, 2001).

Gregersen, Susanne: *Kvækersamfundet: Historisk, social, religiøs og politisk baggrund* (Kvekerforlaget, Oslo 1979).

Gustafsson, Berndt: *Kvækerne*. Side 120-130 i *Kristenhedens kirkesamfund* (Fremads Fokusbøger, 1974).

Kjær, Niels: *Kristendom i det tredje årtusinde* (Books on Demand, 2016).

Kjær, Niels: *Kvækerne før og nu* (Books on Demand, 2018).

Steenbuch, Johannes Aakjær: *Guds rige er anarki: Evangeliet mellem magt og afmagt. A/politisk teologi* (Fønix, 2019).

Qaker faith & practice. Fourth edition (The Yearly Meeting of the Religious Society of Friends (Quakers) in Britain, 2009).

Råd og spørgsmål til medlemmerne af Vennernes Samfund og andre... (Vennernes Religiøse Samfund, 1968 – og 2. udg., 2000).

Kvækerne i Danmark og danske kvækere i verden

Glimt fra Dansk kvækerhistorie: I anledning af 100-året for Vennernes Samfund – Kvækerne – i Danmark 1875-1975 (Vennernes Samfund, 1975).

Kornerup, Bjørn: *Kvæker-Propaganda i Danmark og Norge i ældre Tid.* Side 216-271 i *Kirkehistoriske Samlinger*, Række 6, bind 6 (Selskabet for Danmarks Kirkehistorie, 1949)

Kornerup, Bjørn: *To Kvæker-Besøg i Danmark i det 19. Aarhundrede.* Side 109-171 i *Kirkehistoriske Samlinger*, Række 7, bind 1 (Selskabet for Danmarks Kirkehistorie, 1951).

Vedde, Anna: *Kvækerne og deres Indsats i den nyeste Tid* (Lohse, 1924).

Vipont, Elfrida: *Hvem er Kvækerne?* (Vennernes Samfund, 1937).

Marcussen, Martha: *Kvækersamfundet.* Kapitel IX (side 385-410) i *Danmarks Frikirker* (Evangelieforlaget, 1954-1958).

Jacobsen, Simon: *Vennernes Religiøse Samfund – Vennernes Samfund. Kvækerne i Hjørring* (Utrykt papir, skrevet i 2019).

Marstrand, Even: *Woodbrooke* (Side 74-83 i *Dansk Udsyn*, 1947).

Førde, Bjørn og Wulff, Klavs: *Man bliver aldrig den samme igen: Fortællinger og samtaler om Mellemfolkeligt Samvirke 1944-2019* (Mellemfolkeligt Samvirke, 2019).

Molin, Eva: *Hanna-Skolen, en skole bygget på værdier* (Papir til Gladsaxe Byarkiv, skrevet i samarbejde med Ellen og Kristian Friis, 2002. Kan læses på internettet).

Steensberg, Jens: *Kristen humanisme: En dansk kvækers betragtninger* (Kvekerforlaget, Oslo 2006).

Steensberg, Jens: *Uortodoks kristendom* (Kvekerforlaget, Oslo 2015).

Korsholm, Anne: *Stilhedens tro* (*Kristeligt Dagblad,* 4. marts 2003).

Aarek, Hans Eirik: *Historien om kvekerne i Norge* (Artikel i *Kvekeren,* 2002; opdateret i 2018).

Dahllöf, Wilhelm og Hollsing, Ingmar: *Den svenska Kväkarhistorien* (Artikel i *Kvekeren,* 2002).

Ryberg, Sven: *En time i stilhed: Kvækerandagt, hvad er det?* (Kvækerne, 2015).

Fenger-Grøndahl, Malene: *Kvæker til hverdag, grundtvigianer til højtider* (Interview med Niels Kjær i *Kristeligt Dagblad,* 17. august 2016).

Kjær, Niels: *Grundtvig og kvækerne* (Books on Demand, 2016).

Skovmand-Madsen, Gerda: *Et liv mellem hjem og mennesker: Erindringer* (Grevas Forlag, 2019).

Artikler i *Dansk Biografisk Leksikon* og *Dansk Kvindebiografisk Leksikon* samt artikler i *Friends Journal* og *Kvekeren.*

Folketællingslisten fra Elling Sogn 1855.

Grundtvig og kvækerne – med et sideblik til Norge

Grundtvig, Nik. Fred. Sev.: *Udsigt over Verdens-Krøniken fornemmelig i det lutherske Tidsrum* (Trykt hos og forlagt af Andreas Seidelin, Kjøbenhavn 1817).

Begtrup, Holger (editor): Grundtvigs *Udvalgte Skrifter*, Bind 10 (Gyldendal, 1909).

Ambler, Rex (editor): *George Fox: Sannheten i hjertet* (Kvekerforlaget, Oslo 2017).

Kornerup, Bjørn: *To Kvæker-Besøg i Danmark i det 19. Aarhundrede*. Side 109-171 i *Kirkehistoriske Samlinger*, Række 7, Bind 1 (Selskabet for Danmarks Kirkehistorie, 1951).

Thodberg, Christian og Thyssen, Anders Pontoppidan (editors): *GRUNDTVIG og grundtvigianismen i nyt lys* (Forlaget Anis, 1983).

Grane, Leif: *Grundtvigs forhold til Luther og den lutherske tradition*. Side 21-41 i *Grundtvig Studier 1998* (Grundtvig-Selskabet).

Korsgaard, Ove: *Kampen om folket: Et dannelsesperspektiv på dansk historie gennem 500 år* (Gyldendal, 2012).

Korsgaard, Ove: *Grundtvig rundt: En guide* (Gyldendal, 2018).

Bugge, Knud Eyvin: *Grundtvig og slavesagen* (Aarhus Universitetsforlag, 2003).

Vind, Ole: *Grundtvigs historiefilosofi* (Gyldendal, 1999).

Nielsen, Valdemar: *Grundtvigs salmer i Norge*. Side 92-105 i *Julebogen*, årgang 35 (Kirkeligt Samfunds Forlag, 1955).

Aarnes, Sigurd Aa.: *Grundtvig og Norge – noen hovedlinjer*. Side 191-197 i *Grundtvig Studier 1993* (Grundtvig-Selskabet).

Heggem, Synnøve Sakura: *Grundtvig in Norway*. Side 120-122 i *Grundtvig Studier 2018* (Grundtvig-Selskabet).

Angel, Stephen and Dandelion, Pink (editors): *The Oxford Handbook of Quaker Studies* (Oxford University Press, 2013).

Kjær, Niels: *Grundtvig og kvækerne* (Books on Demand, 2016).

Historiske kvækere: Ti portrætter

Whittier, John Greenleaf: *The Poetry of John Greenleaf Whittier* (Redigeret af William Jolliff, Friends United Press, 2000).

Perry, Bliss: *John Greenleaf Whittier: A Sketch of his Life* (Houghton, Mifflin and Company, 1907).

Taylor, C. Marshall: *John Greenleaf Whittier, the Quaker* (Friends Historical Society, 1954).

Cooke, Francis E.: *The Story of John Greenleaf Whittier* (The Good and the Beautiful, 2018).

Kjær, Niels: *John Greenleaf Whittier og "Den evige godhed": En biografisk skitse med gendigtninger* (Kvekerforlagets småskrifter nr. 26, Oslo 1983).

Jones, Rufus M.: *The Faith and Practice of the Quakers* (Methuen, 1927).

Jones, Rufus M.: *Kvækernes Tro og Virke* (Vennernes Samfund, 1953).

Bernet, Claus: *Rufus Jones (1863-1948). Life and Bibliography of an American Scholar, Writer and Social Activist* (Peter Lang MgbH, 2009).

Cooper, Wilmer A.: *Reflections on Rufus M. Jones, Quaker Giant of the Twentieth century* (Side 25-43 i *Quaker History* Vol. 94, 2005).

Emmerich, Alexander: *Die 50 wichtigsten Frauen der deutchen Geschicte*, side 12-13 (Bucher Verlag, 2011).

Isaksson, Ulla og Erik Hjalmar Linder: *Elin Wägner, amason med två bröst, 1882-1922* (Bonnier, 1977) og *Elin Wägner, dotter av moder jord, 1922-1949* (Bonnier, 1980). Ny samlet udgave (Albert Bonniers Förlag, 2003).

Vallquist, Gunnel (udgiver): *Kära Ili, Käraste Elin. Emilia Fogelklou och Elin Wägner växlar brev åren 1924-1949* (Åsak, 1988)

Hopgood, Stephen: *Keeping of the Flame: Understanding Amnesty International* (Cornell University Press, 2006).

Qaker faith & practice. Fourth edition (The Yearly Meeting of the Religious Society of Friends (Quakers) in Britain, 2009).

Weyler, Rex: *Greenpeace: How a Group of Ecologists, Journalists and Visionaries Changed the World* (Rodale Books, 2004).

Amadi, Joram M.: *Kenyan Quakers in Search of Peace* (side 10-11 i *Friends Journal*, December 1991).

Hughes, Richard: *Capricorn* (The Radcliffe Press, 2003).

Lungai, Eric: *Veteran journalist Joram Amadi Mugunda dies* (nekrolog i *Stanard Digital*, 29. December 2013).

Adcock, Craig: *James Turrell: The Art of Light and Space* (University of California Press, 1990).

Govan, Michael & Kim, Christine Y.: *James Turrell: A Retrospective* (Los Angeles County Museum of Art & Prestel, 2013).

Burnell, Jocelyn Bell: *A Quaker Astronomer Reflects* (Digital Publishing Centre, 2013).

Borgert-Spaniol, Megan: *Jocelyn Bell Burnell: Discovering Pulsars* (Abdo Publishing, 2017) (Børnebog).

Mamani, Emma Condori: *Quakers in Bolivia: The Early History of Bolivian Friends* (CALA, 2017).

Fiktive kvækere i litteraturens verden

Stowe, Harriet Beecher: *Uncle Tom's Cabin* (John P. Jewett and Company, 1852).

Stowe, Harriet Beecher: *Uncle Tom's Cabin* (Wordsworth Classics, 1999).

Stowe, Harriet Beecher: *Onkel Thomas eller Negerlivet i Amerikas Slavestater* (A.F. Høst, oversat 1853 af Otto H. Schädtler).

Stowe, Harriet Beecher: *Onkel Toms Hytte* (Pio, oversat 1856 af P.V. Grove).

Stowe, Harriet Beecher: *Onkel Toms hytte* (Gads lette børnebogs-klassikere, G. E. C. Gads Forlag, oversat 1958 ved Else Schiøler).

Drake, Thomas E.: *Quakers and Slavery in America* (Gloucester, 1965).

Chevalier, Tracy: *The Last Runaway* (HarperCollins, 2013).

Chevalier, Tracy: *Den sidste flugt* (Jentas, oversat 2014 af Anne Mette Poulsen).

Melville, Herman: *Moby-Dick* (Harper & Brothers, 1851).

Melville, Herman: *Moby-Dick* (Penguin Clothbound Classics, 2013).

Melville, Herman: *Moby Dick* (Gyldendal, oversat 1955 af Mogens Boisen).

Melville, Herman: *Moby-Dick* (Bindslev, oversat 2011 af Flemming Chr. Nielsen).

Hubben, William: *Ahab, the Whaling Quaker*. Side 169-181 i *The Friends' Quaterly 3* (July 1949).

Friedrich, Gerhard: *A Note on Quakerism and Moby-Dick*. Side 94-102 i *Quaker History 54* (August 1969).

Goering, Winn M.: *To Obey, Rebelling: The Quaker Dilemma in Moby-Dick*. Side 519-538 i *New England Quarterly 54* (December 1981).

Brekke, Toril: *Drømmen om Amerika, Gullrush* og *Det lovede landet* (Aschehoug, 2006, 2008 og 2010).

Brekke, Toril: *Drømmen om Amerika, Guldfeber* og *Det forjættede land* (Hovedland, oversat af Gunn Gustafsson 2007, 2009 og 2011).

Gale, Patrick: *Notes from an Exhibition* (Fourth Estate, HarperCollins, 2007).

Atwood, Margaret: *The Handmaid's Tale* (Anchor Books, 1985).

Atwood, Margaret: *Tjenerindens fortælling* (Lindhardt og Ringhof, oversat af Lisbeth Møller-Madsen 1986).

Atwood, Margaret: *The Testaments* (Nan A. Talese, 2019).

Atwood, Margaret: *Gileads døtre* (Lindhardt og Ringhof, oversat af Lisbeth Møller-Madsen 2019).

Gloss, Molly: *The Dazzle of Day* (Tor/Tom Doherty, 1997).

Walton, Jo: *Quakers in Space: Molly Gloss's The Dazzle of Day* (Tor.com, 26. December 2009).

ADRESSER

Kvækernes adresse: **Kvækerne, Drejervej 15, 4. sal, 2400 København NV**

Kvækernes danske e-mail adresse: **kvaekerne@gmail.com**

Besøg også de danske kvækeres hjemmeside: **www.kvaekerne.org**

Året rundt holdes der hver søndag kl. 10-11 stille andagt på Drejervej 15, 4. sal, 2400 København NV. Alle er velkomne.

Hver anden måned holdes der stille andagt i Aarhus. Alle er velkomne, og kvækere fra hele Jylland deltager. Få oplyst tid og sted på e-mail: **nk2704@yahoo.dk**

De norske kvækeres hjemmeside: **www.kveker.org**

De svenske kvækeres hjemmeside: **www.kvakare.se**

De finske kvækeres hjemmeside: **www.kveekarit.org/en/homepage**

Kvækerne på verdensplan: **www.fwcc.world**